Intelligente Verkehrssysteme und Telematikanwendungen in Kommunen

Michael Sandrock
(Hrsg.)

Intelligente Verkehrssysteme und Telematikanwendungen in Kommunen

Best Practices

 Springer Vieweg

Herausgeber
Michael Sandrock
Berlin
Deutschland

ISBN 978-3-658-05855-5   ISBN 978-3-658-05856-2 (eBook)
DOI 10.1007/978-3-658-05856-2

Die Deutsche Nationalbibliothek verzeichnet diese Publikation in der Deutschen Nationalbibliografie; detaillierte bibliografische Daten sind im Internet über http://dnb.d-nb.de abrufbar.

Springer Vieweg
© Springer Fachmedien Wiesbaden 2015

Coverabbildungen: Hamburg Metro: ©iStock.com/AndreasWeber, traffic city night: ©iStock.com/chinaface, Bus in the city traffic: ©iStock.com/olaser

Gedruckt auf säurefreiem und chlorfrei gebleichtem Papier

Springer Fachmedien Wiesbaden GmbH ist Teil der Fachverlagsgruppe Springer Science+Business Media (www.springer.com)

Vorwort

Telematik ist die seit den 1990er Jahren anerkannte Bezeichnung für das Zusammenwirken von Telekommunikation und Informatik. Speziell die Verkehrstelematik ist jetzt im Begriff, sich nachhaltig in Wirtschaft und Wissenschaft zu positionieren.

Dies haben auch die kommunalen Spitzenverbände, wie z. B. der Deutsche Städte-und Gemeindebund, der Deutscher Städtetag und der Deutsche Landkreistag anerkannt. Deshalb haben sich diese vier Institutionen neben dem Bitkom engagiert, diejenigen Kommunen auszuzeichnen, die aus eigener Strategie neue Telematikanwendungen in Betrieb nehmen oder genommen haben.

Der von TelematicsPRO ausgerufene Best-Practice Wettbewerb für kommunale Telematikanwendungen hat nicht nur die Unterstützung der kommunalen Spitzenverbände gefunden, sondern er hat sich seit 2012 auch als attraktives Plattformbeispiel für innovative Lösungen im Rahmen von Metropolitan Solutions-Strategien bewährt.

Zur Preisverleihung 2013 wurde vom Springer Vieweg Verlag die Herausgabe eines Praktikerbuches angeregt. Darin sollten gebündelt mehrere praktische Technologie-Lösungen vorgestellt werden. Was lag näher, als diejenigen Kommunen dafür anzufragen, die aus dem Best-Practice Wettbewerb 2013 als Gewinner hervorgegangen sind?

Die Inhalte dieses Buches von Praktikern für Praktiker wurden von den Kommunen und der sie unterstützenden IT/Telematik-Industrie beigesteuert. Die vier Autoren haben nicht nur funktionsfähige und innovative Telematikanwendungen beschrieben. Es ist ihnen auch gelungen, neben den erreichten Lösungen die Implementierungsschritte zu beschreiben. Damit steht jedem interessierten Nachahmer auch eine aktuelle Checkliste zur Verfügung.

Mein herzlicher Dank geht an Herrn Franz-Reinhard Habbel für seinen umfassenden Ausblick und an die Autorinnen und Autoren, die sich mit ihrem Knowhow eingebracht und viel Mühe und Aufwand in die vorliegenden Beiträge investiert haben.

Berlin, im Juli 2014   Michael Sandrock

Inhaltsverzeichnis

Wie man es richtig macht – Neustadts Weg zur Telematik-Kommune

Nik Widmann, Dr. Stefan Kollarits und Florian Hilti

1 Prolog

Wenn man von Anwendungsmöglichkeiten für Telematik im kommunalen Bereich spricht, weckt das unterschiedlichste Assoziationen. Dies ist auch nicht weiter überraschend, denn die Einsatzgebiete der Telematik sind derart vielfältig, dass man niemals von „der einen Telematikanwendung" sprechen kann.

So haben sich in der Vergangenheit in den Kommunen auch die unterschiedlichsten Telematik-Anwendungen etabliert: vom dynamischen Parkleitsystem über ein Baustelleninformationssystem bis hin zur multimodalen Verkehrsauskunft – um nur einige aus einer Vielzahl von Beispielen zu nennen. In der Regel handelt es sich bei kommunalen Telematik-Anwendungen um Einzellösungen, welche jede für sich ihren speziellen Nutzen stiftet – Nutzen für die Bevölkerung, speziell den Verkehrsteilnehmer, und gelegentlich auch Nutzen für die öffentliche Verwaltung.

Steigt die Zahl der Telematik-Anwendungen in einer Kommune, so steigt der Aufwand zur Bereitstellung dieser mitunter komplexen Einzellösungen überproportional. Und nicht selten treibt dies Kommunen an die Grenzen ihrer personellen beziehungsweise wirt-

N. Widmann (✉) · S. Kollarits · F. Hilti
Mödling, Österreich
E-Mail: nik.widmann@prisma-solutions.at

S. Kollarits
E-Mail: stefan.kollarits@prisma-solutions.at

F. Hilti
E-Mail: florian.hilti@prisma-solutions.at

© Springer Fachmedien Wiesbaden 2015
M. Sandrock (Hrsg.), *Intelligente Verkehrssysteme und Telematikanwendungen in Kommunen*, DOI 10.1007/978-3-658-05856-2_1

schaftlichen Belastbarkeit. Eine realistische Folge ist, dass die Servicequalität der einzelnen Anwendungen nachlässt, dadurch die Nachfrage und folglich der Gesamtnutzen sinkt, und letztendlich die Relation von Aufwand zu Nutzen sich negativ entwickelt.

Dieser Entwicklung ist dadurch Einhalt zu gebieten, indem man den Einsatz von Telematik-Anwendungen stets ganzheitlich betrachtet. Hier ist vor allem die Rolle der öffentlichen Verwaltung speziell zu beleuchten. Denn es gibt nahezu keine Telematik-Anwendung, die ohne Zutun der öffentlichen Verwaltung in der erwarteten Qualität funktionieren könnte. Insofern liegt der Schlüssel zum Erfolg in der Motivation der Kommunen, nicht nur Telematik-Anwendungen zuzulassen, sondern auch für die eigene tägliche Arbeit den größtmöglichen Nutzen zu generieren.

Diese Erkenntnis konnten die Autoren im Zuge ihrer beinahe zwei Jahrzehnte währenden Tätigkeit sowohl in der Beratung als auch in der Umsetzung zahlreicher Projekte in diesem Bereich nach und nach gewinnen. Die Entwicklung von eGovernment und Telematik muss Hand in Hand erfolgen. Nur einem ganzheitlichen Konzept folgend ist es möglich eine Win-Win-Situation herzustellen, die sowohl Nutzen für den Endanwender als auch Nutzen für die öffentliche Verwaltung, konkret deren Mitarbeiter, mit sich bringt.

Wie die Einführung und Weiterentwicklung von Telematik-Anwendungen konkret ablaufen kann, wird in weiterer Folge anhand der fiktiven Kommune Neustadt im Raingau gezeigt. Auch wenn in jeder (realen) Kommune Ausgangslage, Schwerpunktsetzung und Herausforderungen anders gelagert sind, soll das Beispiel von Neustadt vor allem die grundsätzliche Herangehensweise darstellen, wie der Brückenschlag zwischen eGovernment und Telematik gelingen kann. Doch es handelt nicht nur von fiktiven Kommunen und idealtypischen Umsetzungen. Jedes Kapitel teilt sich in zwei Abschnitte: unter dem Titel „Es war einmal …" erfährt man über die Telematik-Geschichte von Neustadt; unter dem Titel „Und so ist es …" wird detailliert auf praktische Erfahrungen, technische Lösungsansätze und die Darstellung des Nutzens einzelner Anwendungen eingegangen.

Unabhängig davon, ob Sie in einem Neustadt oder einem Althausen leben – Althausen ist übrigens die Nachbarkommune von Neustadt –, lassen Sie sich inspirieren!

2   Von Verkehrszeichen, Bodenmarkierungen und Anordnungen

2.1   Es war einmal...

Eine kleine Zeitreise
Neustadt ist eine Stadt mit etwa 40.000 Einwohnern und liegt im Raingau. Die idyllische Altstadt ist umgeben von Wohngebieten, die über die Zeit hinweg stark gewachsen sind. Sozialer Wohnbau der vergangenen Jahrzehnte ist genauso anzutreffen, wie Einfamilienhäuser und ein Villenviertel in bester Hanglage. In der Stadt gibt es eine Vielzahl von Gewerbe- und Handelsbetrieben, die für die lokale Kaufkraft ein attraktives Angebot darstellen. Am Rande von Neustadt liegen sowohl Industrie- und Gewerbegebiete als auch landwirtschaftlich genutzte Flächen. Südlich von Neustadt erstreckt sich ein wertvolles

Naherholungsgebiet, das nicht nur von der lokalen Bevölkerung gerne angenommen wird. Neustadt liegt 80 km von der Landeshauptstadt entfernt – nicht zu weit, aber weit genug um sich eigenständig und selbstbewusst zu entwickeln. Die Verkehrsanbindung ist nahezu ideal: ein eigener Autobahnanschluss, auch die Hochgeschwindigkeitszüge machen in Neustadt Halt.

Nördlich von Neustadt fließt der Rain. Am anderen Ufer liegt Althausen. Althausen gehört schon zum benachbarten Bundesland – der Rain ist der Grenzfluss. Ansonsten ist Althausen durchwegs mit Neustadt vergleichbar: ähnliche Größe, ähnliche Siedlungsstruktur, ähnliche Wirtschaftsstruktur, ähnlich gute Verkehrsanbindung,… Althausen und Neustadt sind durch zwei Brücken miteinander verbunden. Seinerzeit gingen die Planer davon aus, dass es nicht lange dauern würde bis die beiden Städte vollständig zusammenwachsen. Und so baute man die zweite Brücke, auch wenn sie zum damaligen Zeitpunkt nicht unbedingt notwendig war. Aber das ist ein anderes Thema…

Alles beginnt mit einem Verkehrszeichen

Ausgangspunkt der Geschichte ist ein tragisches Ereignis: Es ist eine stürmische Novembernacht. Der Raingau wird von einem verheerenden Unwetter heimgesucht. Der Sturm ist derart stark, dass in Neustadt ein Verkehrsschild umstürzt und eine Frau schwer verletzt (Abb. 1). Glück im Unglück: die Frau überlebt den Unfall.

Abb. 1 Unwetterschaden

Doch die Staatsanwaltschaft interessiert sich für den Fall. Die Ermittlungen ergeben, dass die Anbringungsvorrichtung des Verkehrsschildes stark verrostet war. Dies hätte man bei regelmäßiger Kontrolle der Verkehrsschilder wohl erkennen müssen. Eine derartige Kontrolle fand jedoch nie statt – zumindest gibt es keine entsprechende Dokumentation. Die Ermittlungen ergeben weiters, dass die Stadtverwaltung keinerlei Informationen über den Bestand an Verkehrsschildern hat – nicht einmal die ungefähre Anzahl der Schilder ist bekannt. Kaum zu glauben in der heutigen hoch technologisierten Zeit! Das Verfahren endet mit einem Vergleich, der die Stadt teuer zu stehen kommt. Doch dann beschließt die Politik, dass sich ein derartiger Vorfall nicht wiederholen darf.

Man beschließt die Verkehrsschilder in einem Verkehrszeichenkataster zu inventarisieren. Jedes einzelne Schild wird gemeinsam mit der Anbringungsvorrichtung dokumentiert. Sowohl der Aufstellungsort als auch Zustand und Typ der Schilder sowie viele weitere Informationen werden erfasst und laufend aktualisiert. Zu jedem Schild gibt es ein Foto, um zusätzliche Umgebungsinformationen zu erhalten. Damit hat Neustadt einen permanenten Überblick über den Verkehrszeichenbestand. Defekte und veraltete Schilder werden ausgewechselt – denn man weiß ja nun genau, welche betroffen sind.

Und jetzt, wo man sich mit dem Thema der Verkehrsschilder so richtig beschäftigt, drängt sich die Frage auf: Benötigen wir tatsächlich derart viele Schilder?

Die Rodung des Schilderwaldes

Das Thema Schilderwald ist nicht neu. In regelmäßigen Abständen tauchen besonders groteske Fälle davon in den Medien auf. Diese werden meist umgehend behoben, schließlich ist im Medienwirbel promptes Reagieren der Politik gefragt. Dennoch sind diese Fälle nur die Spitze des Eisberges, denn Verkehrssicherheitsexperten warnen schon länger vor der Reizüberflutung der Verkehrsteilnehmer durch zu viele Schilder (Abb. 2). Und so beschließt Neustadt sich des Themas Schilderwald erstmals systematisch anzunehmen.

Zum Glück muss nicht jedes Schild vor Ort kontrolliert werden, da im Verkehrszeichenkataster die Schilder tagesaktuell abrufbar sind. Und so setzen sich die Zuständigen der Fachabteilung Straßen, der Fachabteilung Verkehrsrecht, der Exekutive und Verkehrs-

Abb. 2 Schilderwald

sicherheitsexperten gemeinsam an einen Tisch. Anhand der Pläne des Verkehrszeichenka-
tasters überprüfen sie Straße für Straße und Kreuzung für Kreuzung, ob die Beschilderung
klar, ausreichend, verwirrend oder vielleicht sogar gänzlich unnötig ist. Das Ergebnis ist
faszinierend, denn es kann eine Vielzahl von Schildern eingespart werden. Da und dort ist
auch ein zusätzliches Schild erforderlich. Doch das Ergebnis spricht für sich: Neustadt hat
sich der Rodung des Schilderwaldes verschrieben. Natürlich wird das öffentlichkeitswirk-
sam umgesetzt und die Bevölkerung merkt, dass die Stadtverwaltung innovative Schritte
setzt.

Auf den Geschmack gekommen

Im Zuge der Entschilderung sind auch die Juristen der Fachabteilung Verkehrsrecht auf
den Geschmack einer nachhaltigen Lösung gekommen. Denn die laufend wiederkehrende
Suche von Dokumenten, wie verkehrliche Anordnungen zu einzelnen Verkehrszeichen, ist
lästig und zeitraubend. Und so beginnen die Juristen die Dokumentenablage mit dem Verkehrszeichenkataster zu verknüpfen. Nach und nach entsteht ein Datenbestand, mit dem
man zu jedem Schild die zugehörigen Dokumente und umgekehrt zu jedem Dokument die
damit verbundenen Schilder abrufen kann. Dass die erste Erfassung mit viel Arbeit verbunden ist, ist klar. Doch der Nutzen überwiegt den Aufwand bei weitem.

   Verkehrliche Anordnungen beziehen sich nicht bloß auf Verkehrsschilder sondern genauso auf Bodenmarkierungen. Zum Glück wurde im Zuge der Erfassung der Schilder
ein georeferenziertes Befahrungsvideo erstellt, anhand dessen ein halbes Jahr später auch
die Bodenmarkierungen ausgewertet werden können. Und die wenigen Markierungen, die
sich seither geändert haben, sind der Fachabteilung Straßen bekannt und können rasch
ergänzt werden. Jetzt, da man alles über die Markierungen weiß, ändert sich auch das
Verhältnis zu jenem Dienstleister, der bis dato die Markierungsarbeiten durchgeführt hat.
Denn erstmals ist man in der Lage, die Abrechnungen auf Basis eigener Daten zu überprüfen. Mit dem Ergebnis, dass die jährlichen Kosten für Markierungsarbeiten plötzlich
signifikant zurückgehen.

Der Blick über die Grenze

Und Althausen? Dort hatte man ähnliche Herausforderungen.

   Auch einen Verkehrszeichenkataster gibt es dort. Da dieser aber ausschließlich der Instandhaltung der Schilder dienen sollte, wurden wesentliche Informationen nicht ausreichend erhoben, die bald interessant sein würden. So liegt die Unschärfe der Positionierung
bei mehr als 10 m, und weder Inhalt der Schilder noch deren Orientierung, also die Richtung, in die sie gedreht sind, wurden erfasst.

   Natürlich gibt es in Althausen auch eine Bodenmarkierungsdatenbank. Hier erfolgt die
räumliche Referenzierung jedoch ausschließlich über die Straßennamen. Für eine isolierte
Betrachtung der Bodenmarkierungen mag das schon ausreichend sein, aber das war es
dann auch schon wieder. Die verkehrlichen Anordnungen werden ebenfalls digital verwaltet. Als räumliche Referenz dienen auch hier die Straßennamen sofern vorhanden. Eine
Verknüpfung zwischen Anordnungen, Schildern und Markierungen ist nicht angedacht.

2.2   Und so ist es…

Die Praxis

Die Situation, wie oben für Neustadt und Althausen beschrieben, enthält viele typische Problemstellungen aus der Praxis. Dies zeigen auch die Ergebnisse der Studie Integrierte kommunale Verkehrsnetzdokumentation (Kirschfink et al. 2007), die auf einer Befragung von mehreren Kommunen unterschiedlicher Größe beruht (mit einer Einwohnerzahl zwischen 20.000 und 500.000). Dazu wurden sowohl Fragebögen versendet als auch Interviews durchgeführt.

Aus dieser Studie geht hervor, dass dem Verkehrssektor in Bezug auf Geodaten durchaus eine bedeutende Rolle zukommt, jedoch nachgelagert im Vergleich zu Katasterdaten, Topographiedaten und Informationen zur Flächennutzung (Kirschfink et al. 2007, S. 20).

Eine zentrale Erkenntnis ist, dass die Einführung von neuen IT-Systemen für eGovernment Prozesse jedenfalls eine umfassende und neutrale Bewertung von etwaig bereits vorhandenen Bestandssystemen erfordert. Auch wenn das Beispiel Verkehrsführung zunächst als ein einfaches Problem erscheinen mag, das isoliert gelöst werden kann, zeigen sich oft spätere Folgen bei reduziertem Blickwinkel während der Einführung.

So hatten einige Kommunen begonnen, direkt auf der Basis ihrer Bestandssysteme Verkehrszeichen zu erheben. Diese Bestandssysteme sind entweder Geographische Informationssysteme (GIS) oder computergestützte Konstruktions-Anwendungen, auch Computer-Aided Design (CAD) genannt. Die Anwendungsumgebungen dafür waren nicht auf die spezifischen Anforderungen des Verkehrsbereichs zugeschnitten, sondern als Erweiterungen von generischen Objektverwaltungsmodulen ausgeführt. Dazu wurde ein meist sehr einfaches Datenmodell verwendet, das jedes Verkehrszeichen einzeln abbildete, lagerichtig, gegebenen Falles mit Winkel der Ausrichtung. Zusatztafel-Informationen standen dort jedoch nicht im Detail zur Verfügung und bei sehr großer Verkehrszeichendichte konnte der Standort des Verkehrszeichens nicht mehr klar nachvollzogen werden.

Als Vorteil dieser Lösungen wurden die geringen Kosten für Softwareentwicklung/ Softwarelizenzen genannt. Weiters war die Einarbeitungszeit der Bearbeiter gering, da das System vom Bedienungsprinzip her bekannt war.

Einige CAD basierte Lösungen wiesen ähnliche Vorteile (Lizenzkosten, Einarbeitungszeit) auf, boten aber den zusätzlichen Vorteil einer guten kartographischen Darstellung und klarer koordinativer Zuordenbarkeit, sowohl von Verkehrszeichen als auch von Bodenmarkierungen.

Die Anwender dieser CAD Systeme haben vielfach angemerkt, dass einige Probleme erst im Laufe des Systemeinsatzes erkennbar wurden. So ist es auf CAD Basis sehr schwierig historische Stände mit dem aktuellen Stand zu vergleichen und der Austausch von strukturierten Daten mit Dritten (beispielsweise Betreibern von Straßendatenbanken) ist nicht oder nur mit großen Aufwand möglich.

Eine zentrale Unterscheidung der praktischen Lösungsansätze liegt im Bereich der Datenerfassung sowie der Datennachführung. Für die Erfassung werden vielfach vollständige Erfassungskampagnen definiert und entsprechend budgetiert. Die Herausforderung der Nachführung wird jedoch vielfach unterschätzt oder gar nicht berücksichtigt. Bei einer durchschnittlichen Änderungsrate von jährlich 10 % im Bestand an Verkehrszeichen ist jedoch klar, dass bereits bei kurzfristiger Nicht Aktualisierung der resultierende Datenbestand inkonsistent, wenn nicht unbrauchbar, wird.

Im Vergleich von Kommunen und regionalen Institutionen (Ländern, Kreisen) haben sich klar unterschiedliche Anforderungen im Hinblick auf die Lagegenauigkeit gezeigt. Die Länder bilden Verkehrszeichen am Landesstraßennetz über Angabe des Straßenkilometers ab. Hier wird als Richtwert der Lagegenauigkeit oft ± 5 m angesehen. In den Kommunen sind die Genauigkeitsanforderungen jedoch meist über die Abbildung der Halte- und Parkmöglichkeiten definiert, und werden mit etwa 1 m Abweichung (oder geringer) angegeben. Damit steigt entsprechend der Erfassungsaufwand.

Aus diesen praktischen Beispielen geht klar hervor, dass die Anforderungen an die Dokumentation vollständig abgedeckt sein müssen, da sonst der Nutzen einer Lösung für die Anwender stark eingeschränkt ist.

Die Lösung
Als Lösungsansatz wird daher empfohlen

- eine umfassende Definition der Anforderungen durchzuführen – auf Basis aktueller Prozesse sowie absehbarer zukünftiger Nutzeranforderungen und Notwendigkeiten zur Integration von Drittsystemen. Damit wird sichergestellt, dass die Prozesse tatsächlich langfristig nutzbar und erweiterbar sind;
- den Aktualisierungsprozess von Anfang an zu definieren. Dies beinhaltet sowohl die Definition der Zuständigkeit (beispielsweise Vermessungsabteilung oder externer Dienstleister), als auch den Aktualisierungsrhythmus und die Erfassungsmethode. Nur so kann eine permanente gültige Datengrundlage sichergestellt werden;
- ein Datenmodell zu wählen (bzw. zu definieren), das eine klar strukturierte und vollständige Abbildung aller wesentlichen Inhalte aufweist (vgl. Abb. 3, da eine nachträgliche Anpassung oft mit hohen zusätzlichen Erfassungs- und Migrationsaufwänden verbunden ist); so sollten Verkehrszeichen minimal abgebildet werden über
  - Eindeutige Lage („Befestigungspunkt")
  - Richtung
  - Vollständiger Bezug zur Straßenverkehrsordnung (StVO)
  - Zusatztafeltext
  - Aufstellungsdatum
  - Foto zur Dokumentation
  - Bezug zur rechtlichen Anordnung zur Sicherstellung der Nachvollziehbarkeit
  Zusätzlich können je nach Anwendungsfall noch weiter gefordert sein
  - Materialinformation
  - Kontrolldatum mit Anmerkungen
  - Größe
  - Weitere Wartungsinformationen

Abb. 3 Modellierung der Verkehrszeichen – Herausforderung im Kreuzungsbereich

- Werkzeuge einzusetzen, die bestmöglich die Anforderungen an Bedienerfreundlichkeit und Abbildung der relevanten Dateninhalte erfüllen und dem Anwender laufend ein (karto)graphisches Feedback bieten, sodass dieser immer über die Konsistenz der Daten und die Korrektheit seiner Eingaben informiert ist;
- von Beginn an eine hochwertige (karto-)graphische Darstellung vorzusehen, um die Datenpublikation zu unterstützen und die Akzeptanz durch die eigenen Nutzer zu erhöhen;
- die Daten kartographisch, aber auch zur Informationsabfrage und zu Berichtszwecken möglichst breit verfügbar zu machen (Abb. 3); dies kann durch eine Kombination von standardbasierten Webservices (Kartenservice und Featureservice) so erreicht werden, dass eine breite Nutzung von unterschiedlichsten Anwendern mit unterschiedlichen Werkzeugen ermöglicht wird.

Der Nutzen

Der Nutzeneffekt einer Verkehrsführungsdatenbank zeigt sich in mehreren Dimensionen.

a. Es entsteht ein Nutzen im Prozessablauf für die Behörde selbst:
   Dieser Nutzen ergibt sich durch die Zeitersparnis in der laufenden täglichen Arbeit durch eine Optimierung des Arbeitsablaufs. Dies erfolgt insbesondere durch eine automatisierte Erstellung von unterschriftsreifen Anordnungen sowie eine bessere (graphische) Kommunikationsbasis mit den anderen am Anordnungsprozess beteiligten Fachabteilungen. Die Vorbereitung der Ortsbesichtigung erfolgt im Büro und führt zur effizienteren Gestaltung der Ortsbesichtigungen.
   Alle Informationen sind schnell und einfach im Zugriff für Bürgeranfragen oder behördeninterne Prozesse verfügbar. Damit können Bürgeranfragen rascher und mit weniger Aufwand als früher beantwortet werden. In der Außenwirksamkeit der Kommune ist diese Verbesserung des Bürgerservices durch rasche Auskunftserteilung sehr positiv und unterstützt das angestrebte moderne Image der Stadt.

b. Die Verkehrsführungsdatenbank dient als Archiv für rechtliche Fragen:
   Bereits nach wenigen Jahren ist der Nutzen für die Abbildung von historischen Ständen erkennbar. Die Ablösung der früheren Papierprozesse ermöglicht eine deutliche einfachere Wiederauffindbarkeit von Unterlagen und die Zuordnung von Ereignissen zu relevanten Dokumenten (beispielsweise Anordnung von Verkehrssicherheitsmaßnahmen in Folge eines Unfalls). Die Anfechtung von Anordnungen kann damit deutlich reduziert werden – die Standorte sind klar definiert und die Verknüpfung von Kundmachung (Verkehrszeichen) mit der Anordnung ist eindeutig. Damit verbunden ist auch eine deutliche Erhöhung der Rechtssicherheit. Einsprüche gegen Anordnungen aus formalen Gründen haben faktisch keine Chance mehr.

c. Ein Nutzen für andere Abteilungen zeigt sich im Laufe der Zeit:
   Wenn die Verkehrsführungsinformation zentral und einfach in der gesamten Kommune zur Verfügung gestellt wird (im kommunalen GIS), ergeben sich für weitere Fachabteilungen Vorteile. So bringen die Planungsgrundlagen sowohl Arbeitsersparnis als auch eine geringere Gefahr von Fehlplanungen sowie eine gemeinsame Austauschbasis (Fachabteilung Verkehrsplanung, Fachabteilung Tiefbau). Darüber hinaus bieten diese Daten aber auch wertvolle Hintergrundinformationen für die Finanzabteilung, die Parkraumbewirtschaftung oder auch die Rechtsabteilung.
   Aus Sicht der Fachabteilung Stadtplanung ist der Effekt der Verbesserung des Ortsbildes durch Einsparung von überflüssigen Verkehrszeichen positiv zu sehen.
   In der Fachabteilung Tiefbau sind Kostenreduktionen für die Anschaffung, Erneuerung und Wartung von Verkehrszeichen und Bodenmarkierungen zu erwarten, da der Wartungsprozess nun auf Basis einer laufenden statistischen Übersicht erfolgt.
   Abteilungsübergreifend ergeben sich Synergie- und Wirtschaftlichkeitseffekte für die Vermessung durch gleichzeitige Aufnahme von Daten im Straßenraum für mehrere Projekte (wie beispielsweise Baum-, Leitungs- und Straßenbelagskataster).

> **Beispiel Klosterneuburg**
>
> Die Stadtgemeinde Klosterneuburg (Niederösterreich, 35.000 Einwohner) hat im Jahr 2001 ein System zur Verkehrszeichenverwaltung etabliert. Zielsetzung waren die Verbesserung der Verkehrssicherheit und der Rechtssicherheit. Das System wurde als Individualentwicklung auf der Basis einer umfassenden Datenmodellierung unter ArcView 3.2 entwickelt. Nach fünf Jahren erfolgte ein Umstieg auf das System SKAT, unter direkter Weiterführung der bestehenden Datenbank. Nun soll der nächste Entwicklungsschritt in Angriff genommen werden: eine direkte Verknüpfung von Gemeinde- mit Landesprozessen im Verkehrsbereich. Die Wartung der Daten erfolgt durch einen externen Dienstleister, was eine Konzentration der Mitarbeiter auf Kernaufgaben erlaubt und die effiziente (einmalige) Erfassung gewährleistet.

3 Von Baustellen und anderen Verkehrsmaßnahmen

3.1 Es war einmal...

Und so geht unsere kleine Zeitreise weiter. Neustadt und Althausen – getrennt durch den Rain, aber verbunden durch zwei Brücken – verbunden durch vergleichbare Herausforderungen, aber getrennt durch unterschiedliche Herangehensweisen.

Mehrwert durch Verknüpfung

Die Stadtverwaltung von Neustadt verfügt über ein digitales Straßennetz. Nichts Besonderes, denn es besteht aus den Straßenachsen sowie einigen wenigen Zusatzinformationen zu den Straßen. Dieses digitale Straßennetz wurde im Zuge des neuen Stadtplans erstellt. Seither wird der Datenbestand laufend aktualisiert.

Was liegt also näher als im nächsten Schritt die bereits vorhandenen Daten zu Verkehrszeichen und Bodenmarkierungen mit diesem Straßennetz zu verknüpfen? Da im Zuge der Erfassung auch die Inhalte der Schilder und deren Orientierung erfasst wurden, kann man nun auch einzelne Verkehrszeichen und Bodenmarkierungen zu Verkehrsmaßnahmen zusammenfassen. Verkehrsmaßnahmen sind beispielsweise eine Tempo-30-Zone, ein Halteverbot oder ein Abbiegeverbot an einer Kreuzung. Im Zuge dieser Ableitung der Verkehrsmaßnahmen aus den Verkehrszeichen und Bodenmarkierungen kommt auch die eine oder andere Ungereimtheit zu Tage: Zonen, die nicht ringsherum beschildert sind, Anfang-Schilder ohne passende Ende-Schilder, Bodenmarkierungen, die den korrespondierenden Verkehrszeichen widersprechen und einige andere Kuriositäten. Diese Überprüfung der Schilder und Markierungen auf Übereinstimmung mit den Vorgaben der Straßenverkehrsordnung nennt man Verkehrslogik. Und in Neustadt führt es dazu, dass diese gar nicht so selten auftretenden Problemfälle schnell vor Ort behoben werden können – bevor sie Aufsehen erregen können.

Für Techniker und Juristen

Die Bedeutung der Verkehrsmaßnahme als zentrales Element in der Verwaltung wird sogleich von den Verkehrsjuristen der Stadt aufgegriffen. Denn im Zuge von verkehrlichen Anordnungen werden in Wirklichkeit zunächst nicht Verkehrsschilder und Bodenmarkierungen sondern Verkehrsmaßnahmen und deren Auswirkungen angeordnet, also beispielsweise eine Tempo-30-Zone mit der Auswirkung, dass man in einem bestimmten Teil der Stadt maximal 30 km/h schnell fahren darf. Erst die Kundmachung der Verkehrsmaßnahme in der Natur erfolgt durch konkrete Schilder beziehungsweise Markierungen. Was auf den ersten Blick wie Haarspalterei klingt, ist in Wirklichkeit essentiell. Denn das Arbeiten mit Verkehrsmaßnahmen und deren Auswirkungen wird sowohl für Juristen als auch für Techniker zum zentralen Element ihrer täglichen Arbeit und trägt zur Vereinfachung der Routine-Abläufe bei.

Und die Verwaltung wird einfacher

Von der Politik weniger wahrgenommen, aber mindestens genauso essentiell ist die Tatsache, dass mit dieser Maßnahme ein großer Schritt in Richtung Verwaltungsoptimierung unternommen wird. Optimierung bedeutet nicht zwingend, das gleiche Ergebnis mit geringerem Aufwand zu erzielen, sondern kann wie im konkreten Fall bedeuten, mit gleichem (oder im besten Fall geringerem) Aufwand ein besseres Ergebnis zu erzielen. Was damit gemeint ist?

Die Fachabteilung Verkehrsrecht erstellt ihre Anordnungen nicht mehr ausschließlich textbasiert, sondern arbeitet nun mit dem digitalen Straßennetz. Auf dieser Karte werden die Verkehrsmaßnahmen, also beispielsweise die Abbiegeverbote an einer Kreuzung, festgelegt. Sofort wird automatisch geprüft, ob eine derartige Festlegung gesetzlich zulässig ist. Weiters wird abgefragt, ob diese Verkehrsmaßnahmen mit anderen, zum Beispiel benachbarten Maßnahmen wie Einbahnen, Fahrverbote und dergleichen in Einklang stehen. Auch welche Verkehrszeichen erforderlich sind um diese Kreuzung korrekt und effizient zu beschildern, wird automatisch berechnet. Ja, das ist wahrlich eine Unterstützung für die Sachbearbeiter – und ein Qualitätsgewinn in jeglicher Hinsicht.

Und die Verkehrsmaßnahmen helfen gleichzeitig das digitale Straßennetz als solches aktuell zu halten. Denn die Wirkungen der Maßnahmen beinhalten sämtliche Informationen, die für ein individuelles Routing erforderlich sind. So kann automatisch für jeden Verkehrsteilnehmer (vom Fußgeher bis hin zum Schwerverkehr) abgeleitet werden, wie er sich im System bewegen kann, was erlaubt ist und was nicht. Datenaktualisierung quasi als Abfallprodukt eines Behördenprozesses – das ist wahrlich innovativ!

Baustellen als Herausforderung

Während Verkehrszeichen und Bodenmarkierungen statischen Charakter haben, sind Baustellen oder andere temporäre Verkehrseinschränkungen als dynamische Ereignisse zu betrachten (Abb. 4). Aber Baustellen zu planen und zu koordinieren benötigt mehr. Denn nicht selten ist es so, dass Baustellen mit ihren Umleitungen, die eher in Ausnahmefällen aufeinander abgestimmt sind, zu Verkehrschaos führen. Das soll in Zukunft vermieden

Abb. 4 Baustelle

werden, denn vor allem dann, wenn Politiker im Stau stehen, erhält ein derartiges Thema plötzlich höchste Priorität.

Dass es hier Optimierungspotenzial gibt, ist schnell allen klar. Mit der Erkenntnis, dass Baustellen oder andere Behinderungen im Straßenraum denselben Grundsätzen folgen wie dauerhafte Verkehrsbeschränkungen, ist die Lösung schnell gefunden. Das Verfahren zur Genehmigung von Baustellen wird auf dieselbe Basis wie jenes der dauerhaften Anordnungen gestellt. Plötzlich sieht man nicht bloß die von einer einzelnen Baustelle ausgehende Änderung der Verkehrsführung, sondern kann auch deren Wechselwirkung zu anderen Baustellen prüfen. Und genauso ist die gesamte Beschilderung automatisch aufeinander abgestimmt. Das ist ein Qualitätssprung, der auch von den Verkehrsteilnehmern wahrgenommen wird: klare Verkehrsführung, weniger Staus – das schätzen die Bürger von Neustadt.

Der Blick über die Grenze
Und Althausen? Dort hatte man ähnliche Herausforderungen.

Aber es lief ein wenig anders. Denn ohne integriertes System und ohne digitales Straßennetz konnte die Verknüpfung zwischen Verkehrszeichen, Bodenmarkierungen, Straßennetz und Verkehrsmaßnahmen sowie deren Wirkung niemals lückenlos hergestellt werden. Viel gäbe es zu tun: von der Nacherfassung der Verkehrsschilder über die Schaffung eines aktuellen Straßennetzes bis hin zur Verknüpfung aller Informationen... nur um dann neue Baustellen besser planen zu können, zahlt sich dieser Aufwand sicherlich nicht aus. Und dann dieses kleine Bisschen an Verwaltungsoptimierung, das man erzielen würde... nein, das wäre wohl eindeutig übers Ziel geschossen. Und so hat Althausen sein regelmäßiges Verkehrschaos, aber an das haben sich die Bürger ohnehin bereits gewöhnt.

3.2 Und so ist es...

Die Praxis

Verkehrsschilder, Bodenmarkierungen und Anordnungen bilden die physische und die rechtliche Ebene der Verkehrsorganisation ab. Die physische Ebene von Verkehrsschildern und Bodenmarkierungen alleine vermag die Verkehrsführung – also die Bedeutung der physischen Ebene für den Verkehrsteilnehmer – jedoch oft nicht eindeutig abzubilden. Problemursachen sind dabei meist unklare Informationen über den Aufstellungswinkel oder inkompatible Modellierungen des Straßennetzes, insbesondere im Kreuzungsbereich, s. Abb. 6 und 7. Erst in der Kombination mit dem digitalen Straßennetz und den Maßnahmen (permanenten wie temporären) kann von einer vollständigen Abbildung der Verkehrsführung gesprochen werden.

Spätestens wenn die logische Ebene der Verkehrsführung (also die verkehrlichen Maßnahmen), gemeinsam mit der physischen Ebene abgebildet wird, sind Kommunen mit umfassenden organisatorischen Herausforderungen konfrontiert. Alle Aufgaben im Zuge des Maßnahmenmanagements erfordern umfassende Planungs- und Abstimmungsprozesse. Eine typische kommunale Kompetenzverteilung kann die Komplexität gut illustrieren. Die Fachabteilung Verkehrsrecht ist für Beschilderung und Baustellengenehmigung zuständig, die Abteilung Geoinformation steuert Basisdaten bei, die Fachabteilung Verkehrsplanung agiert als Gutachter im Maßnahmenplanungs- und Genehmigungsprozess und die Fachabteilung Straßenerhaltung ist für die Aufstellung und Instandhaltung der Verkehrszeichen zuständig. Zusätzlich ist noch die Koordination mit Dritten notwendig, wie Einbautenträger, Anrainer und bauausführende Firmen.

Trotz dieser Komplexität erfolgen Prozesse derzeit noch überwiegend schriftlich (analog per Umlauf, per email) oder mündlich per Telefon. Das hat Konsequenzen auf mehreren Ebenen. So ist die Dokumentation von verkehrlichen Maßnahmen oft unzureichend und eine Bereitstellung als Information für die Öffentlichkeit kann nicht erfolgen, oder nur mit großem zusätzlichem Aufwand.

Die Nachvollziehbarkeit von Entscheidungen und Entscheidungsgrundlagen ist vielfach nicht gegeben und bei rein analoger Verwaltung geht vielfach der Bezug von rechtlicher Anordnung und physischer Umsetzung verloren. Dies führt zu Problemen der Rechtssicherheit beispielsweise in Verwaltungsstrafverfahren.

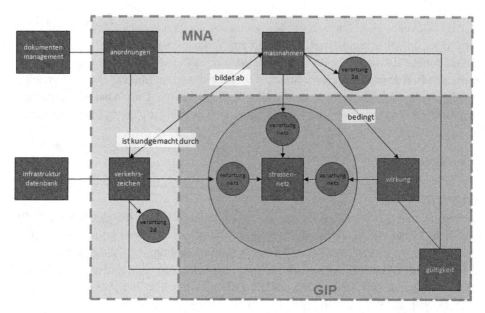

Abb. 5 Der Zusammenhang von Maßnahmen – Kundmachungen und Verkehrsnetz

Die Lösung

Ein nachhaltiger Lösungsansatz des Aufgabenbereichs Verkehrsmaßnahmen und Baustellenmanagement muss jedenfalls als eGovernment Verfahren abgebildet sein, das möglichst alle Verfahrensschritte abbilden kann. Die Lösung muss daher die Vielzahl von Beteiligten von der Beantragung, über die Planung, die Prüfung und Koordination bis zur Genehmigung und Überwachung der Umsetzung und der Kommunikation, intern wie an Dritte, umfassen.

Zentrale funktionale Merkmale einer derart zukunftsfähigen Lösung können dem Lösungsansatz „Maßnahmenassistent" (österreichweite Lösung zum Management von Verkehrsmaßnahmen) entnommen werden (Abb. 5.). So sind als Inhalte der Maßnahmen jedenfalls abzubilden

- ein eindeutiger Bezug zur StVO
- eine möglichst präzise und eindeutige räumliche Verortung (Längslage sowie Querlage mit Angabe von Nutzungsstreifen und – wo notwendig – Spurgenauigkeit) sowie
- der gültige Bearbeitungsstatus (wie in Planung, Beantragt, Genehmigt, Aktiv, Historisch) der Maßnahme
- die genaue Gültigkeit der Maßnahmen nach Zeit, Verkehrsteilnehmer, Aktivität sowie
- verwaltungstechnische Attribute (Geschäftszahl der Behörde, Status der Maßnahme im Anordnungsprozess)

Abb. 6 Abbildung der verkehrlichen Maßnahmen im Kreuzungsbereich

Beispiel Maßnahmenassistent Niederösterreich

Der Maßnahmenassistent ist eine eGovernment Anwendung für die vollständige und aktuelle räumliche Erfassung rechtlicher Maßnahmen im Straßennetz gemäß Straßenverkehrsordnung (StVO). Die geographische Verortung kann dabei auf unterschiedlichste Arten, beispielsweise über Stationierung, Kilometrierung, geographische Koordinaten, Adresse, Abstand zu einer Kreuzung oder direkt in der Karte, erfolgen. Bei der Eingabe wird die Maßnahme auf Konformität mit der StVO geprüft. Das System erlaubt das Speichern unterschiedlicher Zustände einer Maßnahme (geplant, verordnet, aufgehoben).

Aus den erfassten Maßnahmen erfolgt die Ableitung der Verkehrsorganisation und Benutzbarkeit der Straßen für die unterschiedlichen Verkehrsmodi mittels Wirkungsgenerator. Es erscheint automatisch ein Vorschlag für die Kundmachung der Maßnahme durch Verkehrszeichen und Bodenmarkierungen. Darüber hinaus wird auf Basis der Eingaben automatisiert der offizielle Anordnungstext erstellt.

Abb. 7 Unlogische verkehrliche Maßnahmen im Kreuzungsbereich

Für die Prüfung und die Kommunikation muss eine kartographische Visualisierung der Maßnahmen und ihrer Gültigkeiten jederzeit möglich sein. Dabei sind Änderungen der Verkehrsführung besonders darzustellen (Aufhebung von Maßnahmen, neue Maßnahmen), um diese Änderungen auf Konsistenz prüfen zu können und sie an alle beteiligten Stellen kommunizieren zu können.

Die Funktionalität ist als GIS unterstützte Komponente umzusetzen und dient der vollständigen, aktuellen, räumlichen Erfassung der rechtlichen Maßnahmen im Straßennetz gemäß StVO. In weiterer Folge ist die Ableitung der Verkehrsorganisation und Benutzbarkeit der Straßen für die unterschiedlichen Verkehrsmodi aus diesen zu ermöglichen.

Als Lösungsansatz wird empfohlen:

- Einfache Erfassung der Maßnahmen in einer Webapplikation durch geeignete Verfahren zur Verortung punktförmiger, linearer und flächenhafter Maßnahmen mit möglichst geringem Aufwand;
- Einbindung der Erfassung in bestehende e-Government-Systeme, Workflow- und Dokumentenverwaltungsprogramme (Elektronischer Akt) oder Bereitstellung von komplementären Komponenten. Dies wird durch die Heterogenität der Prozesslandschaft und der entsprechenden Lösungssysteme im interkommunalen Vergleich erschwert;
- Automatische Ableitung der verkehrlichen Wirkungen der Maßnahmen als Basis für Routingaufgaben, Logistik und Verkehrsmodelle. Voraussetzung ist eine eindeutige Formalisierung der Wirkung nach StVO („Verkehrslogik");
- Werkzeuge zur Erstellung von Auswertungen und Berichten, beispielsweise über die Anzahl von Baustellen in bestimmten Straßenverläufen und deren Wirkungen;
- Werkzeuge zur Prüfung der Maßnahmen auf Überlagerung und Kollisionen;
- Werkzeuge zur Erstellung kartographischer Produkte;
- Berücksichtigung von Schnittstellen zu CAD Plänen, die vielfach digitales aber schwach strukturiertes Ergebnis von Verordnungsprozessen darstellen.

Wesentlich für den Erfolg eines Lösungsansatzes ist, dass die gesetzlichen Anforderungen garantiert sind. Das ist insbesondere die Konformität mit der StVO sowie mit den gesetzlichen Regelungen zum eGovernment.

Zusammenfassend kann festgestellt werden, dass die Akzeptanz der Lösung (und damit auch der Erfolg einer Systemeinführung) wesentlich davon abhängt, inwiefern Kompatibilität mit anderen installierten GIS- und Datenbank-Produkten hergestellt werden kann und eine Integration in bestehende Abläufe aller Beteiligten berücksichtigt wird, s. Abb. 8.

Der Nutzen
Der Nutzen für die Politik:

Aus der Sicht der politischen Ebene ist ein wesentlicher Vorteil des neuartigen Lösungsansatzes die kontinuierliche Information für Bürger. Alle geplanten Behinderungen durch Baustellen und Veranstaltungen sind vorab publizierbar, und Gemeinden kommunizieren durch ihre geplanten flankierenden Maßnahmen (wie Umleitungen, Ausweichbeschilderung oder selektive Fahrverbote), wie gut sie auf diese Behinderungen vorbereitet sind.

Damit verbunden ist oft auch ein deutlicher Rückgang der Beschwerden durch die Bürger. Dies wird ermöglicht durch eine vorausschauende Planung, die Abhängigkeiten zwischen den Maßnahmen erkennen lässt und die Konflikte zwischen beziehungsweise negativen Konsequenzen von Maßnahmen deutlich zu reduzieren hilft.

Der Nutzen in der Kommunikation mit Dritten:

Die vollständige Abbildung des Baustellenmanagements als eGovernment Prozess erlaubt die automatisierte Erzeugung von Verkehrsmeldungen, die idealerweise über das

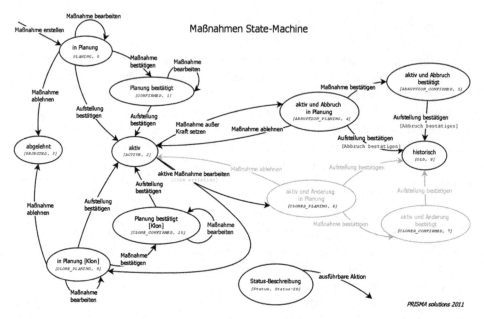

Abb. 8 Statusübergang Maßnahmen – vollständige Abbildung der eGovernment Prozesse

Standardaustauschformat Datex2 weitergegeben werden. Damit kann der aufwändige Prozess der Abstimmung mit anderen Gemeinden oder den Ländern sowie mit Informationsanbietern deutlich reduziert werden. Als Kommunikationsplattform bietet sich in Deutschland der Mobilitätsdatenmarktplatz (MDM 2013) an, der zusätzlich auch die Option auf Einnahmen durch den Informationsaustausch ermöglicht.

Das eGovernment Verfahren bildet eine permanente und zentrale Informations- und Austauschplattform für alle Beteiligten, die damit einen ständigen Überblick über den Fortschritt der Planung wie der Umsetzung von verkehrlichen Maßnahmen haben.

Der Nutzen in der internen Verwaltung:

Für die Anwender entstehen Arbeitsvereinfachungen durch die Digitalisierung des Aktenlaufes und der Dokumentverwaltung, beispielsweise Workflow-Management bei der Erstellung von Anordnungen. Dies wird auch durch funktionale Erleichterungen in bestehenden Arbeitsprozessen ermöglicht, zum Beispiel durch die kartographische Orientierung und die Prüfung von Benutzereingaben bei der Erstellung von Anordnungen.

Der Prozess verbessert die Rechtssicherheit aus mehreren Gründen deutlich. Dazu gehören die verbesserte Verwaltung der Akten, die damit verbundene Zuordenbarkeit von Anordnungsdokument und Verkehrszeichen sowie die Unterstützung und automatische Plausibilisierung im Prozess der Anordnungserstellung selbst.

Besonders hervorzuheben ist, dass die im Zuge des GIS gestützten Anordnungsprozesses gewonnenen Daten direkten Bezug zum digitalen Straßennetz haben. Damit erfolgt – quasi als „Abfallprodukt" – eine Aktualisierung von vielen routingrelevanten Informationen im Verkehrsnetz. Abbiegege- und -verbote, Einbahnregelungen, Fahrverbote und Geschwindigkeitsbeschränkungen können so zeitnah aktuell gehalten werden. Die entsprechenden Services sind dabei aber jedenfalls so aufzusetzen, dass der Prozess der Anordnung klar im Vordergrund steht und die damit verbundene Datenproduktion ohne zusätzlichen Aufwand für den Sachbearbeiter erfolgen kann. Die Verfügbarkeit von digitalen Daten bietet Zusatznutzen für kartographische Darstellungen. Diese Pläne können jederzeit reproduziert werden und sind in unterschiedlichen Ausprägungen und Darstellungen verfügbar. So kann die Planungssicht der aktuellen Sicht, oder auch historischen Sichten gegenüber gestellt werden. Auf den unterschiedlichen Maßstabsebenen reicht dies vom großmaßstäblichen Beschilderungsplan über eine mittlere Maßstabsebene (dem Maßnahmenplan) zur gemeindeweiten Übersicht (dem Verkehrsplan, für politische Aussagen).

Beispiel MDM – Schnittstelle Hessen (LKW-Informationen, Verkehrsmeldungen)

Die aktuellen Verkehrsmeldungen von Hessen, der Region Mainz und sämtliche für den LKW-Verkehr relevanten Informationen in der Region Frankfurt/Rhein-Main werden mittels einer HTTPS-Schnittstelle über den Mobilitätsdatenmarkt (MDM) für interessierte Nutzer bereitgestellt. Für die Verkehrsmeldungen wird das XML-basierte Format Datex II, ein europaweiter Standard zum Austausch von Mobilitätsdaten, verwendet. Für die Bereitstellung der LKW-Informationen dient das ebenfalls auf XML basierende Container-Format des MDM, welches aus einem Header-Element für Strukturinformationen und einem Body-Element für die eigentlichen Nutzdaten besteht.

Sämtliche Informationen werden dabei über OpenLR verortet. Dieser offene Standard ermöglicht die Kodierung, Übermittlung und Dekodierung räumlicher Verkehrsdaten unabhängig vom verwendeten Modellnetz. Dadurch wird ein zuverlässiger Austausch dynamischer Verkehrsdaten sowie das Referenzieren auf Karten unterschiedlicher Hersteller ermöglicht. Ein wesentlicher Vorteil von OpenLR gegenüber RDS-TMC ist, dass die Straßen keine Vorkodierung benötigen. Dadurch ist die Anzahl der übereinstimmenden Verortungen nicht limitiert (TomTom 2012, S. 14).

---

4 Netze und Orte

4.1 Es war einmal…

Setzen wir unsere kleine Zeitreise fort. Und so blicken wir wieder nach Neustadt, das ein bisschen innovativer wirkt als seine Nachbarstadt Althausen. Aber lohnt es sich innovativ zu sein? Sehen wir weiter, wie beide Kommunen ihre Wege gehen.

Mehr als nur Verkehrsschilder

Dass Neustadt sein Verkehrsproblem besser im Griff hat, als so manch andere Kommune, spricht sich schnell herum. Und siehe da: plötzlich wollen viele auf den Zug aufspringen und mit Neustadt kooperieren. So vielfältig wie die Akteure sind auch deren Interessen. Die Nachbargemeinden – Althausen explizit ausgenommen – interessieren sich für die Übertragung des „Neustädter Modells" auf ihre Kommunalverwaltung. Die für Verkehrs- planung zuständige Stelle des Landes interessiert sich für LKW-relevante Informationen, denn es gibt ein Projekt zur sicheren und umweltverträglichen Lenkung des Schwerver- kehrs. Die Handelskammer fragt nach Informationen zur Parkplatzverfügbarkeit im öf- fentlichen Raum und zu Ladezonen nach. Und sogar die Anbieter von kommerziellen Navigationsdaten zeigen Interesse an den hochwertigen Daten von Neustadt.

Ja, die Daten sind vorhanden und Neustadt ist auch in der Lage diese bereitzustellen. Doch schnell stellt sich heraus, dass die anderen Nutzer große Probleme haben, die Daten in ihre Systeme zu integrieren. Sie alle haben zwar digitale Straßennetze, aber die unter- scheiden sich in vielen Belangen von jenem Neustadts. Manche Straßen sind nicht in allen Netzen vorhanden, an manchen Orten unterscheidet sich der geometrische Straßenverlauf, oder die Benennung der Straßen ist unterschiedlich, zum Teil ist auch der Detaillierungs- grad der Darstellung aufgrund kartographischer Vereinfachungen verschieden.

Man könnte sagen, das alles ist nicht das primäre Problem von Neustadt, denn wenn andere Schwierigkeiten bei der Datenübernahme haben, ist das wohl deren Sache. Aber Neustadt will mit den genannten Stellen langfristige Kooperationen eingehen und im Zuge dessen auch deren Daten übernehmen. Und spätestens dann ist das Problem auch ein Pro- blem für Neustadt. Plötzlich erscheint das vorher so klare Bild des digitalen Straßennet- zes wie die große Sprachverwirrung von Babylon. Alle reden über die gleiche Stelle im Straßennetz, allerdings in unterschiedlichen Sprachen: TMC Location Codes, Kilometrie- rungs- und Stationierungssysteme, Gebäudeadressen, Namen von Kreuzungen, Koordina- ten – nichts passt zusammen. Netz ist nicht gleich Netz.

Das Thema des digitalen Straßennetzes steht plötzlich im Mittelpunkt. Man beschließt zunächst innerhalb der Stadtverwaltung eine gemeinsame Linie zu finden. Und als alle Fachabteilungen zu ihren diesbezüglichen Anforderungen befragt werden, stellt sich her- aus, dass in Neustadt bereits mehrere digitale Straßennetze im Einsatz sind. Jedes wurde für einen bestimmten Zweck erstellt und – wenn überhaupt – werden sie nur punktuell aktualisiert. Als das Verkehrskonzept in Auftrag gegeben wurde, aus dem schließlich der Bau der zweiten Rainbrücke nach Althausen hervorging, wurde im Auftrag der Fachab- teilung Verkehrsplanung für den Zweck der Verkehrsmodellierung ein digitales Straßen- netz erstellt. Dieses besteht aus den wichtigsten Straßen, doch untergeordnete Straßen und viele Details der Verkehrsführung sind nicht enthalten. Das war damals auch nicht von Bedeutung. Systematisch aktualisiert wird der Datensatz nicht.

Für die Erstellung des neuen Stadtplans wurde letztes Jahr wiederum von der Fach- abteilung Geoinformation ein digitales Straßennetz erstellt. Grundlage war das Model- lierungsnetz, das um die relevanten Bereiche des untergeordneten Straßennetzes ergänzt wurde. Danach folgte eine kartographische Überarbeitung, die an vielen Stellen im Sinne einer übersichtlicheren Darstellung geometrische Veränderungen zur Folge hatte. Dieses Netz wird nun als Basis für das Baustellenmanagement genutzt.

Für den Radwegeatlas des Landes hatte Neustadt seine Daten zur Verfügung gestellt. Nun arbeitet ein Dienstleister des Landes die laufenden Änderungen dort ein und die Stadt bekommt die Daten wieder zur Verfügung gestellt. Das Problem: die Radwege aus dem Radwegeatlas stimmen mit den Radwegen des Stadtplans nicht gänzlich überein, und somit lassen sich diese beiden Datensätze nicht verknüpfen und bleiben getrennt.

Das Netz eines führenden Navigationsdatenanbieters wurde von der Fachabteilung Informationstechnik angekauft, um ein Adressauskunftssystem im Internet anzubieten. Doch die Daten waren nicht vollständig und so stellte man das Projekt wieder zurück. Das Straßennetz dient jetzt als Grundlage für die Koordination der Aufgrabungsarbeiten der unterschiedlichen Einbautenträger und wird nur anlassbezogen aktualisiert.

Und auch im Zuge von Vermessungsarbeiten eines Energieversorgers wurden Straßenachsen digitalisiert, die seitdem bei der Fachabteilung Vermessung vorhanden sind … Aber ein gemeinsames „offizielles" digitales Straßennetz, das laufend aktualisiert wird, und auf dessen Qualität man sich verlassen kann, gibt es in Neustadt nicht. Noch nicht.

Ein gemeinsames Netz

Die Stadtverwaltung erkennt schnell, dass es ineffizient und langfristig kostenintensiv ist, derart viele Netze parallel zu warten. Hätte man hingegen ein gemeinsames digitales Straßennetz, dessen unterschiedliche Teile von den jeweils zuständigen Stellen aktualisiert werden, und dessen Verlässlichkeit hinsichtlich Qualität und Aktualität jederzeit gegeben ist, ließen sich die Informationen viel effizienter pflegen und besser nutzen – und sogar an Dritte weitergeben.

Der Weg dorthin klingt komplizierter als er tatsächlich ist. Denn sobald die Verantwortlichkeiten innerhalb der Stadtverwaltung geklärt sind, kümmert sich jede Stelle wie bisher um ihren Bereich – nur mit dem Unterschied, dass alles nach einheitlichen Qualitätskriterien in einer Datenbasis zusammenläuft. Somit ist jeder weiterhin für seinen Zuständigkeitsbereich verantwortlich, kann jedoch immer auf die Daten des „anderen" zugreifen. Das bedeutet, dass beispielsweise die Fachabteilung Straßen, die für die kommunale Straßenerhaltung zuständig ist, auch Zugriff auf das höherrangige Straßennetz hat, dass die Fachabteilung Verkehrsplanung sämtliche Daten zur Verfügung hat, unabhängig davon, wer für die Aktualisierung verantwortlich ist, oder dass für die Erstellung des Stadtplans jederzeit ein Abzug der Datenbank gemacht werden kann.

Der Blick über die Grenze

Und Althausen? Dort hatte man ähnliche Herausforderungen.

Aber auf ein gemeinsames Straßennetz oder die Verknüpfung beziehungsweise Synchronisation der vielen vorhandenen Netze konnte man sich nicht einigen. Eine derartige Notwendigkeit wurde nicht gesehen, denn für jeden Zweck gab es ja ohnehin das passende Netz. Eine Entscheidung, die später einiges noch sehr kompliziert machen sollte.

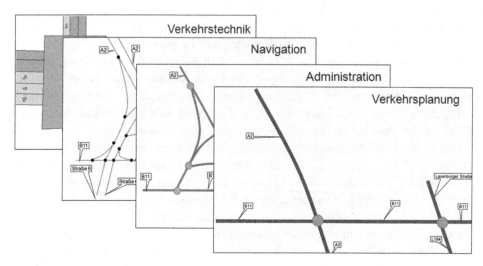

Abb. 9 Unterschiede in der Graphenmodellierung

4.2 Und so ist es…

Die Praxis

Das digitale Verkehrsnetz ist das zentrale Bezugsregister für alle straßenbezogenen Informationen. Diese Rolle kann das digitale Verkehrsnetz für die Verwaltung jedoch nur dann ausüben, wenn einige zentrale Anforderungen in der Konzeption berücksichtigt sind. Die Modellierung der Verkehrsnetze kann unterschiedlich aufwändig erfolgen (Abb. 9). Wie bei jedem Modell bestimmt der Einsatzzweck die Anforderungen:

- Für die Navigation ist ein vollständiges, gerichtetes, beschriebenes und bewertetes Netzmodell erforderlich.
- Für das dynamische Routing ist die laufende dynamische Bewertung mit aktuellen Verkehrsdaten erforderlich.
- Für die Zwecke des Verkehrsmanagements sind zusätzliche Informationen über Reisezeiten, Kapazitäten und Auslastungen erforderlich.
- Für die Zwecke des e-Governments Verkehr ist ein vollständiges, aktuelles Netzmodell erforderlich, das auch den Querschnitt der betrachteten Kanten und die Abbiegerelationen an den Knoten abbildet, s. Abb. 13.
- Für die Verkehrsplanung gilt zusätzlich zu den Anforderungen des Verkehrsmanagements, dass das Netz auch Planungen mit enthalten muss, dies möglichst noch in unterschiedlichen Varianten.
- Für die Kartographie des Verkehrsnetzes und von Navigationsinformationen sind eine klare Strukturierung der Netzmodelle und die Abbildung von Informationen zur Unterstützung der kartographischen Generalisierung notwendig.

Als Verortungsbasis (Verortungsregister) dient der Graph zur eindeutigen Lokalisierung von Informationen mit und über ihren Bezug zum Graphen. Dafür ist eine umfassende Abbildung von Bezugssystemen notwendig, die aufeinander abgebildet und damit umgerechnet werden können. Weiters ist für hochgradige Stabilität, also Verlässlichkeit dieses Bezugssystems zu sorgen.

Für Kommunen stellt sich nun das Problem, dass alle der genannten Anwendungszwecke im Aufgabenbereich einzelner kommunaler Fachbereiche auftreten. Lösungen müssen daher problemübergreifend sein und können nicht, wie bei den kommerziellen Anbietern von Navigationsinformationen mit einem einzelnen Modellansatz gelöst werden.

Die Heterogenität der genannten Anforderungen hat aber vielfach zu unterschiedlichen, und oft inkompatiblen Netzmodellen geführt. Die Praxis zeigt, dass Informationen über das digitale Verkehrsnetz oft redundant und nicht kompatibel vorliegen.

Dabei erfolgt dies vielfach nicht nur zwischen unterschiedlichen Organisationen (kommerzielle Datenanbieter versus Länder versus Kommunen), sondern teils auch organisationsintern. So werden beispielsweise Friedhofswege, kommunale Straßen und überregionale Radwege nicht selten in unterschiedlichen Systemen gepflegt.

Ein weiteres häufig auftretendes Problem ist die unzureichende Abbildung von Verortungssystemen. So neigen Kommunen dazu nur typisch kommunale Verortungsmethoden im Netz abzubilden, wie Adressen, Straßennamen und Kreuzungen. Die Kommunikation mit den Ländern benötigt aber üblicherweise die Stationierungsangaben (Kilometer) für das hochrangige Straßennetz, die Kommunikation mit Verkehrsinformationszentralen in der Regel TMC Location Codes.

Die Lösung
Das Datenmodell ist so zu konzipieren, dass alle Anforderungen der unterschiedlichen Applikationen erfüllt werden können und über spezielle Mechanismen die Konsistenz der Netzabbildung an den Übergangsstellen zwischen unterschiedlichen Datenhaltungskompetenzen gewährleistet wird. Dabei wird empfohlen als Basis der Modellierung jedenfalls die wichtigsten Standards heranzuziehen. In Deutschland sind dies die Anweisungen Straßeninformationsdatenbank ASB (BMVI 2005) und der Objektkatalog für das Straßen- und Verkehrswesen OKSTRA (2013), und in Österreich die Richtlinie Intermodaler Verkehrsgraph Österreich – Standardbeschreibung GIP (Graphenintegrationsplattform) (FSV 2012). Weiters ist eine möglichst weitgehende Kompatibilität mit INSPIRE sicherzustellen (European Commission 2009), um den diesbezüglichen Berichtpflichten nachkommen zu können.

Als Datenbasis soll möglichst auf bestehende und qualitätsgesicherte Datengrundlagen zugegriffen werden. In Deutschland bietet sich der flächendeckende Datenbestand ATKIS der Vermessungsämter an, der mit klaren Transformationsregeln für kommunale Aufgaben genutzt werden kann. Das Manko der mangelnden Routingfähigkeit von ATKIS kann durch die oben geschilderten behördeninternen Prozesse der Pflege der Verkehrsführungsdatenbank behoben werden.

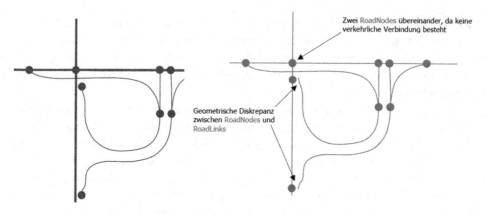

Abb. 10 OKSTRA Modellierung. (OKSTRA 2013)

Auf dieser Basis aufsetzend sind die Anforderungen der Echtzeitmodellierung und der intermodalen Routenauskunft über entsprechende Aufbereitungsroutinen und standardisierte Schnittstellen (beispielsweise OpenStreetMap oder INTREST) zu unterstützen. Üblicherweise ist dabei jedoch ein Routing nicht direkt auf den internen Netzen der Verwaltung möglich, sondern eine Aufbereitungsprozedur notwendig. Dies kann anhand der Abbildung der Netztopologie eines OKSTRA Netzes (vgl. Abb. 10) gezeigt werden. Eine Transformation in ein routingfähiges Netz mit vollständiger Topologie ist jedoch eindeutig und verlustfrei möglich.

Es wird empfohlen, mehrere Verortungssysteme parallel auf dem Netz zu pflegen, um das Netz als Austauschplattform nutzen zu können. Als Minimum werden Straßennamen, Kreuzungen, Adressen, Stationierungsinformation am Landesstraßennetz sowie TMC Location Codes empfohlen. Weiters ist es für viele Anwendungen notwendig, eine detaillierte Abbildung des Straßenquerschnitts zu ermöglichen (beispielsweise für verkehrstechnische Aufgaben im Kreuzungsbereich oder ein Radrouting).

Für die Systemarchitektur wird empfohlen, eine klare Trennung zwischen Presentation und Business Layer vorzunehmen. Damit können unterschiedliche Benutzeroberflächen (Clients) auf die gleiche Basisfunktionalität zugreifen. So können GIS Experten einen ArcGIS Client oder GeoMedia Client (vgl. Abb. 11) verwenden, während technisch weniger versierte Anwender mit einem auf sie zugeschnittenen WebClient (vgl. Abb. 12) bedient werden.

Damit können die Anwendungsanforderungen unterschiedlicher Benutzergruppen abgebildet und jeder Gruppe die spezifische Sicht auf Daten und Funktionen angeboten werden.

Auf der Datenebene erscheint es sinnvoll durch einen objektrelationalen Mapping Mechanismus (beispielsweise auf der Basis von Hibernate) Lösungen zu suchen, die weitgehend unabhängig von der verwendeten Datenbank sind, wobei diese als Voraussetzung jedenfalls eine native Unterstützung von Geodaten bieten muss.

Mit diesem Lösungsansatz (Trennung Client – Business Logik sowie objektrelationales Mapping) wird der Lösungsansatz unabhängig von einzelnen GIS Systemanbietern oder

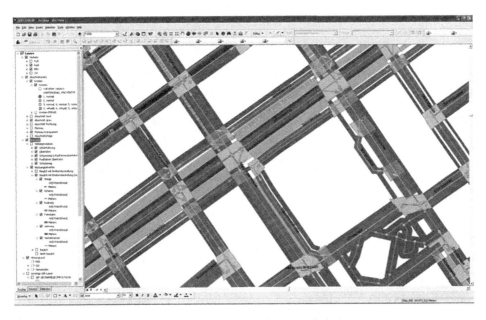

Abb. 11 GIP ArcGIS Client (mit Darstellung der Straßenquerschnitte)

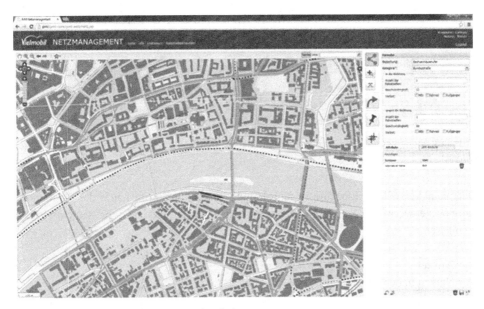

Abb. 12 Vielmobil WebClient zur Netzbearbeitung

Abb. 13 Modellierung des Verkehrsnetzes als Knoten-Kanten Modell und als detaillierter Querschnitt

Datenbankherstellern. Einzelne Lösungskomponenten können im Laufe der Systemnutzung ausgetauscht werden, ohne das Gesamtsystem austauschen oder gar neu entwickeln zu müssen.

Der Nutzen
Der Nutzen in der Verwaltung:
    Die vollständige Historisierung des Netzes ermöglicht dessen Nutzung als Referenzsystem für rechtswirksame Abläufe.

Die lückenlose Historisierung (oder auch eine periodische Versionierung) ist Grundlage, um ein Verkehrsdatenarchiv als Basis für die Verkehrsplanung und das strategische Verkehrsmanagement aufzubauen.

Das Netz dient als wesentliche kartographische Basis für den laufend aktuell gehaltenen Stadtplan. Die umfassende Referenzierung unterschiedlichster Datenbestände ermöglicht einen Vergleich aller Informationen über ihren Netzbezug. So können beispielsweise Unfalldaten gemeinsam mit Daten zum Straßenzustand oder zur Verkehrsorganisation (zum Unfallzeitpunkt) verglichen werden und die entsprechenden analytischen Rückschlüsse getroffen werden.

Der Nutzen in der Kommunikation:

Durch langlebige Identifikations-Nummern, die primär von den baulichen Gegebenheiten und nicht von der Verkehrsorganisation abhängen, wird es externen Anwendungen ermöglicht, den Graphen als Referenzgraphen zu verwenden. Das bietet ein klares Distinktionsmerkmal im Vergleich zu kommerziellen Netzen.

Das Netz bildet eine Kommunikationsschnittstelle zwischen unterschiedlichen Anwendern und deren unterschiedlichen Referenzsystemen (Verortungssystemen). Damit ist eine Überführung von Informationen, die über Kilometrierung erfasst wurden, auf kommerzielle Netze, TMC Codes oder andere Referenzsysteme in beiden Richtungen möglich. Damit können auch die heterogenen Verwaltungszuständigkeiten im Verkehrsnetzbereich widerspruchsfrei abgebildet werden.

Als Register bietet es Aktualisierungsinformationen über Netzänderungen und erlaubt damit die Erhaltung der Datenkonsistenz bei Änderungen im Straßennetz.

Das vollständige digitale Verkehrsnetz bietet gemeinsam mit den Routinginformationen aus den Anordnungsprozessen die Datenbasis für multimodale Verkehrsauskunft und entsprechenden Informationsaustausch.

Weiters bietet es aber auch die vollständige Informationsbasis für Verpflichtungen aus EU-Richtlinien, wie INSPIRE oder der ITS-Richtlinie.

Beispiel Vielmobil Grundlagennetz – Hessen

Im Bundesland Hessen hat die ivm – integriertes Verkehrs- und Mobilitätsmanagement – den Aufbau eines multimodalen Verkehrsnetzes initiiert. Aus unterschiedlichen Datenquellen wurde ein einheitlicher Verkehrsgraph erzeugt. Die Informationen für das übergeordnete Straßennetz stammen aus dem Netz eines kommerziellen Anbieters, während die Datenbasis für das Rad- und Fußwegenetz aus dem Amtlichen Topographisch-Kartographischen Informationssystem (ATKIS) stammt. Die Informationen zum LKW-Verkehr wurden initial aus OSM Daten übernommen.

Beispiel GIP Österreich (www.gip.gv.at)

Mit der GraphenIntegrationsPlattform (GIP) können erstmals die heterogenen Anforderungen unterschiedlichster Anwendungen wie eGovernment, Verkehrsmanagement, Verkehrsmodellierung und ITS in einem gemeinsamen Datenhaltungssystem abgebildet werden. Die GIP dient für diese als einzige und konsistente Datenbasis und löst damit die bisher vorherrschende Vielzahl von redundanten und inkompatiblen Graphen ab. Für diese umfassende Aufgabe stehen Clients auf der Basis von Standard GIS-

Systemen und einfache WebClients zur Verfügung, die einer Vielzahl von Anwendern den kontrollierten Zugriff auf die GIP-Server bieten. Datenbankbasierte Datenhaltung und OGC-Konformität bieten eine einfache Zugriffsmöglichkeit auf alle Daten. Die Nutzung der multimodalen Verkehrsnetze der GIP wird durch standardisierte Export-schnittstellen in Richtung Routingsysteme sowie durch Mechanismen zur Anbindung externer Systeme (GIP als Verkehrsnetzregister) verbreitert.

5   Vom Internet und dem öffentlichen Verkehr

5.1   Es war einmal...

Bereit für den Wiedereinstieg in unsere kleine Zeitreise? Wir sind wieder zurück in Neu-stadt, das gleich neben Althausen liegt. Vieles haben die beiden Städte gemeinsam, aber eben nicht alles. Im großen Bereich der Verkehrstelematik scheinen sie klar unterschied-liche Wege zu gehen.

Eine Datenbasis für alle
Dass in Neustadt eine einzigartige Datenbasis im Verkehrsbereich vorliegt, ist unumstrit-ten. Sämtliche Verkehrsregelungen plus Informationen über Baustellen und deren Aus-wirkungen aus einer Quelle – das gibt es nicht überall. Kombiniert mit dem in der Stadt-verwaltung vorhandenen Adressdatenbestand ergibt dies die ideale Basis für Routenpla-nungsaufgaben aller Art. Zunächst greift die städtische Feuerwehr für ihre Einsatzplanung auf diese Daten zu. Kurz danach folgt die Rettung, auch die Polizei zeigt Interesse. Doch damit sollte es nicht genug sein.

Auslöser ist in diesem Fall die Fachabteilung Tourismus. Den Besuchern von Neustadt sollen sämtliche Informationen über die Stadt im Internet und auch mobil als Handy-App zur Verfügung gestellt werden, und dazu gehört selbstverständlich auch entsprechendes Kartenmaterial und begleitendes Routing. Routenplaner im Internet gibt es viele, aber derart aktuelle Informationen über das Verkehrsgeschehen, wie Neustadt sie hat, das hat keiner. So entsteht zunächst ein Tourismusportal, aus dem sich in kürzester Zeit ein umfas-sendes Mobilitätsportal entwickelt, von dem nicht nur Touristen sondern auch die Bürger von Neustadt profitieren.

Von den vielen anderen Routenplanern unterscheidet sich Neustadts Mobilitätsportal durch die Aktualität der Information und die Zielgruppe: Es richtet sich an alle Bürger und nicht nur an Autofahrer. So gibt es spezielles Routing für Radfahrer und Fußgänger, aber auch für LKW. Denn für letztere sind nicht alle Straßen geeignet beziehungsweise sind sie nicht in allen Straßen erwünscht. All diese Informationen bauen auf der einheitlichen ge-meinsamen Datenbasis auf und bedeuten keinerlei Mehraufwand für die Stadtverwaltung. Anfangs waren viele skeptisch, ob man ein derartiges Mobilitätsportal überhaupt benö-tigt, aber die rasant ansteigenden Nutzerzahlen sprechen ein deutliches Bild. Neustadt hat allmählich ein modernes Erscheinungsbild bekommen – das spüren die Mitarbeiter der Stadtverwaltung genauso wie die Bürger der Stadt. Aber irgendetwas fehlt noch...

Öffis für Jung und Alt

Ein Mobilitätsportal ohne Berücksichtigung des öffentlichen Verkehrs wirft vor allem bei den jüngeren Mitbürgern Fragen auf. Einerseits werden die Öffis beworben, andererseits werden sie in der Verkehrsauskunft ignoriert beziehungsweise nur im Auskunftssystem des Verkehrsverbunds geführt. Darauf reagiert die Stadt sehr professionell. Durch eine Kooperation mit dem Verkehrsverbund werden die aktuellen Fahrplaninformationen des Verkehrsverbundes direkt in das lokale Auskunftssystem von Neustadt integriert.

Integration bedeutet in diesem Fall nicht bloß, dass die ÖV-Auskunft neben der IV-Auskunft existiert, sondern dass es sich tatsächlich um eine intermodale Auskunft handelt. Erstmals gibt ein Mobilitätsportal Auskünfte zu intermodalen Wegeketten: Fahr mit dem Fahrrad zur Busstation, nehme den Bus, dann die Bahn und geh vom Bahnhof zu Fuß zu deinem Ziel! Derartiges gab es bis dato noch nirgends. Der Erfolg gibt der Stadtverwaltung Recht – die Nutzerzahlen des Mobilitätsportals steigen und steigen.

Auch innerhalb des Bahnhofs von Neustadt wird das Routing fortgesetzt. Indoor-Navigation ist auch in Neustadt kein Fremdwort mehr. Und so funktioniert auch innerhalb des Bahnhofs die Unterstützung der Fußgänger genauso wie in der überdachten Bahnhofshalle und dem angeschlossenen Einkaufszentrum.

Der Blick über die Grenze

Und Althausen? Dort hatte man ähnliche Herausforderungen.

Doch die Ausgangslage in Althausen ist mittlerweile eine andere. Für ein eigenes Mobilitätsportal für Althausen gab es keinen Anlass, denn die Stadt hat keine speziellen Informationen, die nicht ein kommerzieller Anbieter auch zu bieten hat. Dass die Qualität der Informationen dieser Anbieter teilweise unzulänglich ist, macht auch in Althausen niemanden glücklich, doch es fehlt an Alternativen. Nur für ein derartiges Mobilitätsportal eigens die Daten zu sammeln – nein, das wäre ein zu großer Aufwand. Und der Tourismus, der in Neustadt der Auslöser für die Erstversion des Portals war? Der ist in Althausen ohnehin seit einiger Zeit rückläufig, während jenseits des Rains in Neustadt sowohl die Zahlen der Tagesausflügler als auch jene der Nächtigungen steigen.

5.2 Und so ist es…

Die Praxis

Bei Auskunftssystemen und Routenplanern existieren bereits zahlreiche Lösungen für den Öffentlichen Verkehr (ÖV) wie auch für den Individualverkehr (IV). Echte multimodale Lösungen, die ÖV und IV gleichberechtigt kombinieren und auch multimodale Routenvorschläge erstellen, gibt es bisher allerdings erst wenige. Als Ausnahmen sind hier Vielmobil.info, Qixxit, AnachB.at oder Verkehrsauskunft.at hervorzuheben.

Bei diesen Auskunftssystemen, speziell für den ÖV, ist die räumliche Abdeckung oftmals begrenzt – vielfach auf den entsprechenden Verkehrsverbund – was die Situation zusätzlich erschwert. Reisen über Länder- oder Verbundgrenzen hinweg sind damit nur schwer planbar. Ein weiterer Aspekt, den die meisten Routingportale nicht berücksichtigen, ist die Barrierefreiheit. Barrierefreies Routing ist ein besonders wichtiges Instrument, um die gesellschaftliche Beteiligung mobilitätseingeschränkter Menschen zu verbessern. Menschen mit Mobilitätseinschränkungen, speziell Rollstuhlnutzern, wird oft die Fortbewegung im städtischen Raum durch Barrieren erschwert oder unmöglich gemacht. Solche Barrieren finden sich überall im öffentlichen Raum (Zugänglichkeit von Gebäuden, Gehsteigkanten, unebene Oberflächen aufgrund von Bauarbeiten oder bei alten Pflasterungen etc.).

Beispiel BarriereInformationsSystem BIS

Das Projekt BarriereInformationsSystem ist eine kooperative Entwicklung eines Online-Routenplaners für RollstuhlnutzerInnen in Wien. Im Dialog zwischen Anspruchsgruppen, Technologieexperten und Stakeholdern (Politik und Verwaltung) wird ein interaktives Routing-Tool für Rollstuhlnutzer entwickelt, das behördliche Daten und Community-Daten zusammenführt, übersichtlich bereitstellt und daraus mittels einer Routing Software die brauchbarsten Wege für Rollstuhlnutzer ermittelt. Die Ergebnisse der Routenplanung sind digital und auch in einer einfachen Druckversion abrufbar.

Das Projektteam bindet mobilitätseingeschränkte Menschen als Experten intensiv in die Erstellung und Optimierung der Plattform ein, da die Wahrnehmung einer Barriere von Mensch zu Mensch sehr unterschiedlich sein kann. Bereits der Anforderungskatalog wird mit Vertretern dieser Gruppe erarbeitet, auch in der Erstellung des Prototyps werden sie laufend einbezogen. Durch interaktive Prinzipien wie „User Generated Content" und „Crowdsourcing" soll das spezifische Wissen mobilitätseingeschränkter Menschen stetig in die Plattform einfließen und diese laufend erweitern und aktualisieren.

Projektwebseite: http://wege-finden.at

Bezüglich der geographischen Ausdehnung der Verkehrsauskunft existieren einerseits Lösungen, die optimiert für einzelne Regionen angeboten werden, andererseits weiträumige (global verfügbare) Lösungen großer Anbieter wie GoogleMaps, BingMaps oder HERE. Aus der Sicht vieler (internationaler) Reisender stellt diese große Abdeckung einen wesentlichen Vorteil dar. Aus der Sicht der Reisenden existieren jedoch auch wesentliche Nachteile dieser Systeme. Dies sind die häufig noch mangelhafte Vollständigkeit der Datengrundlagen (insbesondere im Rad- und Fußverkehr, aber auch im Bereich des ÖVs) sowie das Fehlen von multimodalen Routenvorschlägen. Dem Vorteil der internationalen Abdeckung steht zudem oft der Nachteil mangelnder Berücksichtigung lokaler Gegebenheiten gegenüber.

So sind in den meisten Routenplanern für den MIV die Umweltzonen unbekannt und auch Parkplatzsuchzeiten werden nicht berücksichtigt. Damit wird die Qualität der angebotenen Routen jedoch deutlich reduziert, da je nach Stadtteil am Zielort wenige bis keine Parkplätze zur Verfügung stehen und deshalb ein erheblicher Teil der Reisezeit für die Parkplatzsuche aufgewendet werden muss.

Beispiel Hessen – Vielmobil

Mit der Lösung Vielmobil existiert in Hessen ein multimodales Verkehrsauskunftsportal, das sowohl die aktuelle Verkehrslage als auch die Umweltzonen und die damit zusammenhängenden Umweltplaketten berücksichtigt. Es werden Parksuchzeiten sowie die Auslastung und die Preise von Park&Ride-Anlagen und Parkgaragen angezeigt. Die Nutzer erhalten Informationen zu sämtlichen Verkehrsmitteln inklusive Kombinationen und können zudem individuelle Präferenzen zu unterschiedlichen Aspekten der Routenwahl angeben.

Ein weiterer Aspekt ist die Lernfähigkeit eines Auskunftssystems. Mit der Fähigkeit, aus Abfragen und aus der aktuellen Verkehrslage zu lernen, wird es möglich, Prognosen für die zukünftige Verkehrsentwicklung abzuleiten. So unterstützt Vielmobil beispielsweise die Darstellung der Verkehrslage um bis zu fünf Stunden über den aktuellen Zeitpunkt hinaus.

Webseite: www.vielmobil.info

Für Verkehrsteilnehmer mit speziellen Routinganforderungen werden ebenfalls oft nur unzureichende Informationen zur Verfügung gestellt. So hat die Nutzung von Standard-Navigationssystemen durch LKW Fahrer vielfach dazu geführt, dass diese sich plötzlich in engen Nebenstraßen oder auf Forststraßen wiederfinden. In beiden Fällen ist dies für Kommunen wie Einsatzkräfte problematisch.

Beispiel Hessen – LKW-Lotse

Der Schwerverkehr ist ein weiteres wichtiges Thema, welches in vielen Auskunftsportalen unberücksichtigt bleibt. In dieser Thematik gehört das Bundesland Hessen ebenfalls zu den Vorreitern. Das Portal LKW-Lotse liefert ein öffentliches Routingportal für den LKW-Verkehr in der Region Frankfurt Rhein-Main. In Abhängigkeit von Länge, Höhe, Breite, Gesamtgewicht, Achslast und Anhängergewicht des LKWs wird die optimalste Route berechnet. Dabei werden LKW-Fahrverbote, Sperren und Barrieren ebenso berücksichtigt wie Verbote für gefährliche oder wassergefährdende Güter. In die Routenberechnung fließen auch zeitliche Beschränkungen sowie Ausnahmen wie „Anlieger frei" ein.

Webseite: www.lkw-lotse.de

Die Lösung

Angesichts der kommerziellen Dominanz großer Informationsportale stellt sich die Frage nach der möglichen Rolle von lokalen oder regionalen Verkehrsinformationsportalen. Die

Möglichkeiten zur Positionierung können aus den oben dargelegten Schwachpunkten der großen Anbieter abgeleitet werden:

- Berücksichtigung von speziellen lokalen und regionalen Gegebenheiten (wie den Umweltzonen in Deutschland, von Parkplatzsuchzeiten differenziert nach Stadtteilen, von Elektrotankstellen etc.);
- Vollständige Berücksichtigung aller Verkehrsmodi und von multimodalen Reisealternativen;
- Berücksichtigung von lokalen und regionalen Verkehrsmanagementstrategien in den Auskunftssystemen;
- Einbindung von lokalen und regionalen Institutionen, die Mobilität wesentlich beeinflussen (Verkehrsclubs, Schulen, Betriebe);
- Zunehmend wird aber auch der Austausch mit anderen Informationsanbietern notwendig, um zu vermeiden, dass der Reisende stark divergierende oder vollkommen widersprüchliche Auskünfte erhält. Dies kann insbesondere mittels Austausch über den Mobilitätsdatenmarktplatz erfolgen.

Für viele Kommunen liegt der Zweck eines Reiseportals neben der besseren Information für die Bürger darin, einen Modal-Shift auf nachhaltige Verkehrsmittel zu erreichen. Dazu ist eine möglichst vollständige Information der Bürger über die oben genannten Punkte notwendig.

Ein für den Bürger wertvolles Auskunftsportal berücksichtigt die folgenden zentralen Elemente:

- Korrekte Ableitung der Fahrtmöglichkeiten aus den erfassten Attributen (vgl. Abb. 14)
- Anzeige der aktuellen Verkehrslage in Echtzeit – sowohl IV als auch ÖV
- Multimodales Routing – Voraussetzung dafür ist ein multimodales Verkehrsnetz
- Weiterführende Informationen zum Parken, beispielsweise Parkplatzsuchzeiten, Parkplatzverfügbarkeit, freie Parkplätze und Preise von Parkhäusern und Park&Ride-Anlagen
- Zeitnahe Integration von Verkehrsmaßnahmen, die aus behördlichen Planungsprozessen entstehen, wie Sperren und Umleitungen
- Berücksichtigung von Nutzer-Präferenzen
- Berücksichtigung von lokalen Besonderheiten, beispielsweise Umweltzonen
- Gute Systemarchitektur inklusive den entsprechenden Schnittstellen
- Selbstlernendes System, welches Prognosen über den zukünftigen Verkehrszustand zulässt.

Eine gute Systemarchitektur zeichnet sich insbesondere dadurch aus, dass die Zuständigkeiten der Komponenten klar abgetrennt und diese über Schnittstellen miteinander verbunden sind. Zudem sind die Stetigkeit bezogen auf Änderungen und die Einfachheit

Abb. 14 Ableitung von Fahrtmöglichkeiten

der Anpassung auf Grund neuer Anforderungen wichtige Qualitätskriterien. Ein Beispiel einer flexiblen Systemarchitektur mit klar definierten Komponenten zeigt Abb. 15.

Nutzen

Der Nutzen für die Bürger ergibt sich aus einer aktuellen und zuverlässigen Auskunft, unabhängig vom Verkehrsmittel. Gerade Pendler, die durch flexible Arbeitszeiten die Möglichkeit haben, ihre Anreise zur Arbeitsstätte selber zu wählen, können dank der Prognose nicht nur die schnellste Route, sondern auch den bestmöglichen Zeitpunkt aussuchen. Ihre Profile können die Nutzer speichern und somit bekommen sie bei jedem Aufruf ein individualisiertes Auskunftsergebnis.

Für LKW-Fahrer wird durch die LKW-Information die Routenplanung ebenfalls erleichtert. Zum einen kommen sie auf der schnellst möglichen Route ans Ziel, zum anderen

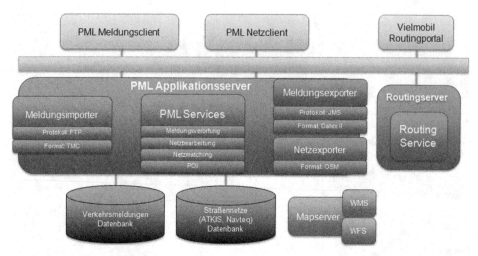

Abb. 15 Systemarchitektur PML – Vielmobil

können sie sicher sein, dass sie dieses auch problemlos erreichen können. Die Behörden indes können dadurch den Schwerverkehr von Straßen fernhalten, die dafür nicht ausgerichtet sind.

Durch die Information und Sensibilisierung der Bürger bezüglich alternativer und nachhaltiger Verkehrsmittel kann ein Modal-Shift in Richtung umweltfreundlicher Verkehrsmittel erreicht werden. Die Auslastung der Park&Ride-Anlagen wird ebenfalls erhöht.

Die kommunale Verwaltung hat den Vorteil, die eigenen Verkehrsmanagement-Strategien im Verkehrsportal abbilden zu können. Dadurch wird der Einfluss privater Unternehmen auf die Lenkung des Verkehrs zu Gunsten der Behörden verringert. Die Verkehrsbehörden und Verkehrsplaner können darüber hinaus auf Grund der vorhandenen Information auf aktuelle oder in der Zukunft liegende Engpässe rechtzeitig reagieren und geeignete Maßnahmen setzen.

6 Von Kultur-Events und deren Folgen

6.1 Es war einmal...

Begeben wir uns also weiter auf unsere kleine Zeitreise. Seit dem letzten Mal hat sich nicht viel verändert: Neustadt ist eine aufstrebende Stadt, die Innovation und Bürgernähe vermittelt. Althausen hingegen gelingt es nicht aufzuschließen. Ob das so bleibt? Die Antwort gleich vorweg: ja, denn Neustadt bietet mittlerweile eindeutig die besseren Voraussetzungen. Aber schön der Reihe nach...

Abb. 16 Grossveranstaltung

Ein spannendes Ereignis

Neustadt boomt. Viele junge Leute sind in den letzten Jahren hier hergezogen und so verändert sich auch das Kulturleben. Fuhr man früher für größere Konzerte in die Landeshauptstadt, so hat sich mittlerweile eine junge Kulturszene entwickelt. Aber was nun folgt, übertrifft das bisher Erlebte bei weitem: in Neustadt soll ein dreitägiges Musikfestival stattfinden, zu dem 60.000 Besucher erwartet werden. Für die Stadt stellt das eine riesige Chance dar, die es zu ergreifen gilt. Doch es ist auch eine echte Herausforderung.

Neben vielen anderen Aspekten stellt eine solche Menge an Besuchern eine Herausforderung an das Verkehrsmanagement dar, s. Abb. 16. Hier sind kurzfristig umsetzbare und gleichzeitig kostengünstige Lösungen gefragt. Denn es geht darum, zusätzlich zum bestehenden Alltagsverkehr den eventbezogenen Verkehr zu managen. Dazu braucht es zunächst ein Verkehrskonzept, das auf aktuellen Verkehrserhebungen aufbaut.

Aus früheren Verkehrszählungen hat man bereits erste Basisinformationen gewonnen, denn die Daten sind auf das digitale Straßennetz referenziert und somit direkt verwertbar. Für ein aktuelles Lagebild sorgt eine geschickte Anordnung unterschiedlicher Sensoren, deren erste Auswertung sogar in Echtzeit erfolgt. Nun kann die Planung darauf aufbauen. Da die Besucher aus dem In- und Ausland anreisen werden, wird bereits im Vorfeld der Veranstaltung darauf abgezielt, dass möglichst viele von ihnen mit der Bahn kommen.

Denn je weniger Besucher mit dem PKW kommen, desto geringer wird das zu erwarten-de Verkehrschaos und desto weniger temporäre Parkplatzkapazitäten müssen geschaffen werden.

Und so wird das bestehende Mobilitätsportal ausgebaut, um die Besucher bereits im Vorfeld über die zu erwartende Verkehrssituation, wie z. B. Verkehrsspitzen, zu informie-ren und gleichzeitig zur Nutzung des öffentlichen Verkehrs zu motivieren. Trotzdem wird ein Großteil der Besucher mit dem PKW anreisen, und diesen Verkehr – genauso wie den Shuttleverkehr zwischen Bahnhof und Festivalgelände – gilt es zu koordinieren.

Verkehrsmanagement light

Um das Verkehrsgeschehen während des Festivals möglichst gut beherrschen zu können, einigen sich Veranstalter, Stadtverwaltung, Verkehrspolizei und Einsatzkräfte auf eine ge-meinsame Vorgehensweise – keine Selbstverständlichkeit, wie man annehmen möchte. Es wird eine temporäre Einsatzleitzentrale eingerichtet, in der unterschiedlichste Informatio-nen zusammenfließen – auch jene für das Verkehrsmanagement. Daten von dauerhaften und temporären Verkehrssensoren, Bilder von eigens errichteten Videokameras, Bele-gungszahlen der erwarteten Züge, Position und Auslastung der Shuttlebusse, Belegungs-grad der Parkplätze, genauso wie Daten des Autobahnbetreibers, mit Hilfe derer man auf herannahende „Wellen" schließen kann. Gemeinsam wird in der Einsatzleitzentrale die jeweilige Situation analysiert und es werden entsprechende Maßnahmen gesetzt: Die An-steuerung von mobilen Wechselverkehrszeichen, Anweisungen an die vor Ort befindli-chen Einsatzkräfte und Ordner sowie ähnliche Maßnahmen.

Der Tag danach

Der größte Erfolg einer solchen Veranstaltung ist deren reibungsloser Ablauf. Und dieser war in Neustadt gegeben – auch aus der Sicht des Verkehrsmanagements. Doch sollte jetzt alles wieder abgebaut werden, was sich in den vergangenen Tagen so gut bewährt hat?

Nein, man beschließt gewisse Sensoren, Kameras und Anzeigetafeln beizubehalten. Andere werden an anderen Stellen im Straßennetz eingesetzt. Denn sowohl Polizei als auch Stadtverwaltung haben erkannt, dass man mit zusätzlichen Informationen den Ver-kehr deutlich besser steuern kann. Bisher war man der Überzeugung, dass so etwas nur für die großen Städte erforderlich ist, da Verkehrsmanagement-Systeme zwangsweise mit hohen Kosten verbunden sind. Mittlerweile hat man in Neustadt gelernt, dass man auch mit geringem Mitteleinsatz äußerst effektive Methoden für das Verkehrsmanagement zur Verfügung hat. Das ist jedenfalls attraktiv.

Attraktiv ist aber auch, dass nun erstmals Echtzeit-Informationen im Mobilitätsportal zur Verfügung gestellt werden können: Verkehrsbelastungen, Staus und dergleichen, aber auch die Stellplatzbelegung an allen öffentlichen Parkplätzen und Park&Ride-Anlagen. Diese Informationen auch mobil zur Verfügung zu haben, ist jedenfalls praktisch. Und Neustadt ist damit wieder einen Schritt moderner und attraktiver geworden.

Der Blick über die Grenze

Und Althausen? Dort hatte man ähnliche Herausforderungen.

Nicht ganz. Dass Althausen von dem Festival an sich nicht profitieren konnte, ist Fakt. Lediglich vom Durchzugsverkehr, verursacht durch die An- und Abreisenden, hat Althausen etwas abbekommen – in Form von Lärm und Schadstoffen sowie verstopften Straßen. Das mussten die Bürger von Althausen in Kauf nehmen, denn Einflussmöglichkeit hatten sie keine.

6.2 Und so ist es...

Die Praxis

Im Bereich der Anreise-Informationssysteme bieten bisher nur wenige Veranstalter von Großveranstaltungen einen Routenplaner für die anreisenden Gäste an. Meistens existiert nur ein Kartenbild mit textueller Beschreibung oder allenfalls ein Link auf GoogleMaps. Es hat sich gezeigt, dass ein multimodaler Anreise-Routenplaner nicht nur bei der Koordination des Anreiseverkehrs nützlich ist, sondern die Besucher durch die bessere Information über alternative Anreisemöglichkeiten wie Anschlussverbindungen und Shuttle-Busse vermehrt mit dem öffentlichen Verkehr anreisen. Dies nützt nicht nur der Umwelt, sondern auch der ökologischen Positionierung der Veranstaltung. In Kombination mit Anreizen wie vergünstigten ÖV-Tickets kann sogar eine Auszeichnung der Veranstaltung als nachhaltiges „Green Event" erreicht werden.

Im Bereich von Verkehrsmanagement-Software zeigt sich, dass die Mehrheit der Verkehrsmanagement-Zentralen größerer Städte eigens für die Anforderungen der jeweiligen Stadt entwickelte Software besitzt. Diese Verkehrsmanagement-Systeme dienen meist zur Steuerung des hochrangigen Netzes, vielfach auch nur zur Steuerung von wenigen, kritischen Abschnitten (beispielsweise innerstädtische Tunnel). Viele dieser Systeme sind nicht direkt mit anderen Systemen der Kommunen vernetzt (wie Verkehrsführungsdatenbanken), sondern – wenn überhaupt – nur über Verkehrsmeldungsschnittstellen. Diese Lösungen sind für kleinere Städte kaum leistbar, sodass hier sehr einfache Lösungen gefragt sind, beispielsweise eine interaktive Karte mit Anzeige von Baustellen und Verkehrsinformationen (Verkehrsmeldungen, teils auch Park&Ride oder ähnliche Infrastruktureinrichtungen).

Die Lösung

Für die Optimierung der Anfahrtsplanung eines Festivals empfiehlt sich ein in die Festival-Homepage integrierter oder zumindest darauf verlinkter Routenplaner, der eine intermodale Anreise ermöglicht. Diese Anwendung sollte sowohl die prognostizierten und aktuellen Verkehrsinformationen berücksichtigen als auch Informationen zu alternativen Transportmöglichkeiten sowie zur Ökobilanz und zum Preis jedes Transportmittels integrieren.

Abb. 17 Verkehrsüberwachungszentrale am Donauinselfest

Für die Verkehrsüberwachung wird empfohlen, einen Verkehrsleitstand einzurichten (vgl. Abb. 17), der einen schnellen Überblick über das Verkehrsgeschehen erlaubt. Neben aktuellen Verkehrsmeldungen sollte diese Anwendung auch ad hoc Sensoren (Kameras, mobile Radarsensoren und dergleichen) integrieren und somit als Entscheidungsgrundlage für zu setzende Sofortmaßnahmen sowie für Lenkungsmaßnahmen dienen.

Beispiel Salzburg – InterEVENT

Eine gute, weil einfache und kostengünstige Verkehrsinformationslösung ist Inter-EVENT/InterTRAFFIX. Diese Anwendung ist beispielsweise in der Stadt Salzburg im Einsatz. Salzburg wollte als Austragungsort der Fußball-Europameisterschaft 2008 ein einfaches und kostengünstiges System installieren, welches den Behörden ermöglicht, ein aktuelles und ganzheitliches Bild über die Verkehrssituation zu erhalten. Mit InterEVENT konnte eine Lösung geschaffen werden, die den Behörden als Basis für die Entscheidungsfindung dient und in kritischen Situationen ein schnelles und zielgerichtetes Eingreifen ermöglicht.

Nach der EURO 2008 entschied sich die Stadt Salzburg, InterEVENT weiter zu betreiben, um die täglichen und in Salzburg überdurchschnittlich hohen verkehrstechnischen Herausforderungen zu meistern. Auch heute noch ist das System unter dem Namen InterTRAFFIX im Einsatz.

InterEVENT/InterTRAFFIX hat sich an der EURO 2008 auch in Klagenfurt sowie bei großen Musikfestivals wie dem Donauinselfest in Wien mit etwa 3 Mio. Besuchern oder dem FM4 Frequency Festival mit mehr als 100.000 Besuchern bewährt.

Dieser Leitstand entspricht von den Grundprinzipien einem „normalen" städtischen Verkehrsmanagementsystem, muss aber zusätzlich die Möglichkeit bieten sehr kurzfristig anpassbar zu sein und dynamisch auf Ereignisse zu reagieren.

Das betrifft

- die digitale Erfassung der lokalen Event-Infrastruktur,
- die Erstellung eines intermodalen, event-spezifischen Verkehrsgraphen,
- die Verkehrssimulation im Vorfeld (zur Planung unterschiedlicher Szenarien),
- die darauf basierende Modellierung von verkehrlichen Lenkungsmaßnahmen,
- die webbasierte Visualisierung der Modellinhalte,
- und die Anbindung von Echtzeitdatenquellen, die oft ad-hoc eingesetzt werden müssen.

Das Datenmodell besteht aus drei Teilmodellen, die auf einem gemeinsamen geographischen Modell aufbauen.

Das Situationsmodell hat die Aufgabe, die lokale Event-Infrastruktur und den intermodalen Verkehrsgraphen abzubilden. Das Simulationsmodell verwendet die Situation einer konkreten Veranstaltung und ergänzt diese um simulationsspezifische Daten.

Das Echtzeitmodell verwendet sowohl Daten aus der Situation als auch Daten aus der Simulation. Das Situationsmodell beschreibt die Verkehrs- sowie die Event-Infrastruktur – idealerweise als Erweiterung von bestehenden Graphen und anderen Informationsinfrastrukturen.

Dabei ist eine Integration von heterogenen Informationsquellen, wie unterschiedliche Sensoren, mobilen Beobachtungen oder Verkehrsmeldungen der Einsatzkräfte notwendig (vgl. Abb. 18). Im Gegensatz zu herkömmlichen Verkehrssituationen muss das Echtzeitmodell mit deutlich heterogeneren Echtzeitdatenquellen umgehen können, die ad hoc in das bestehende Datenmodell eingebunden werden müssen.

Auf der Basis eines simulationsfähigen Verkehrsgraphen (abgeleitet aus dem Situationsmodell) werden die zu erwartenden verkehrlichen Effekte einer Veranstaltung im Simulationsmodell beschrieben und prognostiziert. Durch die Simulation der im Verkehrskonzept entwickelten Maßnahmen können bereits im Vorfeld mögliche Engstellen und Überlastungen identifiziert werden. Die so generierten Informationen unterstützen die Entscheidungsträger im Planungsprozess.

Der Nutzen

Dank eines Routenplaners können Festivalbesucher ihre Route problemlos und sicher planen. Lange Wartezeiten werden vermieden und die Shuttle-Busse sind optimal ausgelastet. Für die Organisatoren bedeutet dies zufriedene Gäste, aber vor allem auch Imagegewinn. Neben der Wahrnehmung als technologischer Vorreiter locken Auszeichnungen für

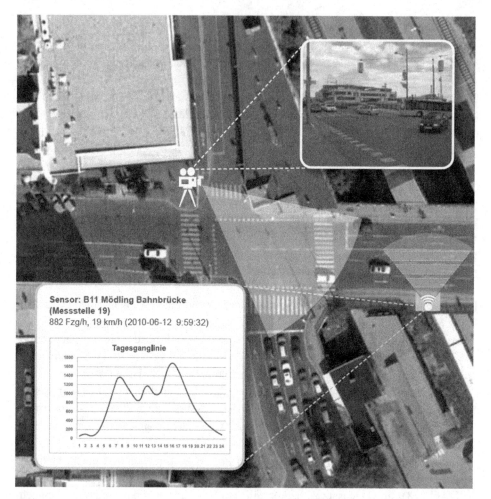

Sensor: B11 Mödling Bahnbrücke
(Messstelle 19)
882 Fzg/h, 19 km/h (2010-06-12 9:59:32)

Tagesganglinie

Abb. 18 Verkehrsinformationen als Basis für Verkehrslageberechnung und Verkehrsinformationsdienste

die umweltverträgliche Abwicklung einer (Groß-) Veranstaltung. Die positive Resonanz bei Besuchern und Anrainern führt zu einem guten Image der Organisatoren.

Eine Verkehrsmanagement-Software unterstützt Behörden bei der permanenten Verkehrsüberwachung und dient als Basis für die Entscheidungsfindung in kritischen Situationen. Anwender können daher sowohl die Verkehrsbehörden selber als auch die Einsatzkräfte sein. Dies hat den Vorteil, dass eine derartige Anwendung nicht nur bei Großveranstaltungen, sondern auch für die generelle Verkehrsüberwachung, insbesondere zu Spitzenzeiten, genutzt werden kann.

Bei Veranstaltungen wie „im täglichen Gebrauch" werden Schutz und Sicherheit der Verkehrsteilnehmer verbessert und ein schnelles und effizientes Vorankommen auf den Straßen ermöglicht.

7 Epilog

Begeben wir uns ein letztes Mal auf unsere kleine Zeitreise nach Neustadt am schönen Rain. Eine Kommune, die sich innovativ, jedoch niemals das Ziel aus den Augen verlierend, äußerst positiv entwickelt hat. Einer der Schlüssel zu diesem Erfolg ist die Erkenntnis, dass eine moderne Kommunalverwaltung einerseits und Telematik-Anwendungen für die Bürger andererseits unmittelbar in Verbindung stehen. Egal wie die aktuelle Problemstellung einer Kommune ist, die Lösung des konkreten Problems muss von Beginn an in ein gut konzipiertes Gesamtsystem integriert werden. Diese Erkenntnis sowie der nachstehende Kreislauf ergeben sich aus der jahrelangen Erfahrung der Autoren im Bereich eGovernment Verkehr.

Ein Gesamtsystem wie oben beschrieben deckt nicht nur Teilbereiche, sondern den gesamten Informationszyklus von der Abstraktion der realen Straßen bis zu den Verkehrsdiensten ab (vgl. Abb. 19). Die Grundlage dieses System ist das digitale Straßennetz. Darauf aufbauend können Infrastrukturobjekte und Verkehrsmaßnahmen verortet werden. Aus der Zusammenführung der einzelnen Maßnahmen ergeben sich anschließend die logischen Fahrtmöglichkeiten. Diese Information fließt über entsprechende Schnittstellen in

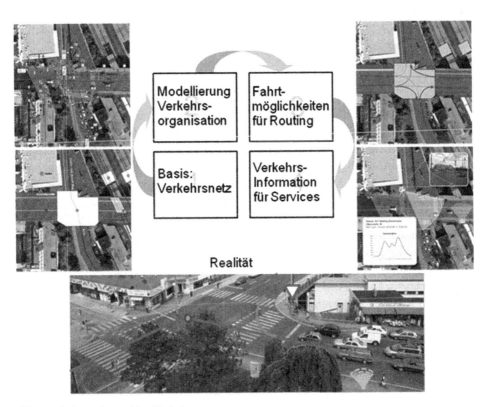

Abb. 19 Informationszyklus Verkehr

die Datenbanken von Dienstanbietern und dient dort, kombiniert mit Echtzeit-Daten von Sensoren und Kameras, als Basis für die Verkehrsauskunftsdienste. Letztlich gehen die Informationen über Navigationsgeräte und Routingportale an die Verkehrsteilnehmer und somit zurück in die reale Welt.

Neustadt wird bekannt

Die Mitarbeiter der Stadtverwaltung von Neustadt haben indes mit ganz anderen Problemen zu kämpfen. Dass Neustadt im Themenbereich Infrastruktur – Verkehr – Mobilität – eGovernment eine Vorbildrolle innehat, ist in der näheren Umgebung bekannt. So haben sich über die Jahre hinweg etliche Kooperationen, vor allem mit der Landesverwaltung ergeben. Einzelne Lösungen wurden vom Land direkt übernommen und adaptiert, oder es wurden Schnittstellen zwischen den Systemen des Landes und jenen von Neustadt geschaffen. Auch bilaterale Abstimmungen auf strategischer Ebene finden seit einiger Zeit regelmäßig statt.

Nun zieht das Thema aber weitere Kreise. So interessieren sich plötzlich viele andere Kommunen für das, was in Neustadt umgesetzt wurde. Es stellt sich heraus, dass Neustadt auch über die Grenzen hinweg ein leuchtendes Beispiel für eine moderne Stadt ist, welcher der Brückenschlag zwischen Telematik und eGovernment zum Vorteil aller Beteiligten gelungen ist. Was folgt sind Einladungen zu Vorträgen auf Tagungen und Konferenzen quer über den Kontinent. Delegationen aus ganz Europa, die das Neustädter Modell in ihre Region übertragen wollen, kommen in den Raingau um sich Tipps zu holen. Und so erlangen Neustadt und seine innovativen Mitarbeiter eine gewisse Berühmtheit in der Branche. Und das zu Recht!

Der Blick über die Grenze

Und auch ein letztes Mal wagen wir einen Blick nach Althausen, das zu Beginn eigentlich dieselben Voraussetzungen wie Neustadt hatte, die damit verbundenen Chancen allerdings nicht im selben Ausmaß genutzt hat. Nein, Althausen ist jetzt nicht dem Untergang geweiht. Aber es wird viel Anstrengung benötigen, um in puncto eGovernment und Telematik ein mit Neustadt vergleichbares Niveau zu erreichen.

Die Stadtverwaltung von Althausen erkennt das Problem. Nachdem man das Rad der Zeit nicht zurückdrehen kann, wird beschlossen sich ab sofort intensiv mit dem Themenbereich eGovernment und Telematik zu befassen. Das Thema ist ein klares Zukunftsthema. Auf diesem Weg lassen sie sich auch von entsprechenden Experten beraten, denn die Materie ist höchst komplex … und vielleicht kann man den einen oder anderen Fehler, der in Neustadt passiert ist, in Althausen vermeiden.

Ein letzter Ausblick

Und so kommt unsere kleine Zeitreise zu einem Ende. Egal, ob Ihre eigene Stadt eher Neustadt oder doch eher Althausen ähnelt, die Botschaft bleibt dieselbe: Verkehrstelematik ist fast immer in Zusammenhang mit verkehrsbezogenem eGovernment zu sehen, auch wenn der Zusammenhang nicht sofort augenscheinlich ist. Seien Sie innovativ! Folgen Sie aber stets einem integrierten Gesamtkonzept, auch wenn Sie zunächst nur Teile davon umsetzen! Definieren Sie Ihre spezifische Telematik-Roadmap! Und setzen Sie auf erfahrene Partner, die Sie bei der Umsetzung ihrer Projekte bestmöglich unterstützen können!

8   Abkürzungsverzeichnis

ASB	Anweisungen Straßeninformationsdatenbank
CAD	Computer-Aided Design
GIS	Geographisches Informationssystem
IV	Individualverkehr
OKSTRA	Objektkatalog für das Straßen- und Verkehrswesen
ÖV	Öffentlicher Verkehr
StVO	Straßenverkehrsordnung

Literatur

Bernhard R., Krampe S., Kollarits S., Ortner M. (2013) VIELMOBIL – Intermodality through innovative services and local information. – in: Proceedings of ITS Europe congress, Dublin.

BMVIT (2013) Programm für die Unterstützung des Ausbaues von Anschlussbahnen sowie von Umschlagsanlagen des Intermodalen Verkehrs. Sonderrichtlinie Staatliche Beihilfe SA.34985 (2012/N) – Österreich. Herausgegeben vom Bundesministerium für Verkehr, Innovation und Technologie (BMVIT).

European Commission (2009) INSPIRE Data Specification on Transport Networks – Guidelines. D2.8.I.7. Directive 2007/2/EC of the European Parliament and of the Council of 14 March 2007 establishing an Infrastructure for Spatial Information in the European Community.

FSV (2012) Intermodal Transport Reference System for Austria – Standard Description GIP (Graphs Integration Platform). RVS 05.01.14. Herausgegeben von der österreichische Forschungsgesellschaft Straße-Schiene-Verkehr (FSV).

Kirschfink, H. et al. (2007) Integrierte kommunale Verkehrsnetzdokumenation. Forschungsprojekt FE 77.480/2004.

Kollarits S. (2010) GIP roadmap – Perspektiven bis 2012. in: ITS insight. Fachtagung im Rahmen der AGIT 2010. – Salzburg.

Kollarits S. (2013) BIS – BarriereInformationsSystem für Wien. Presentation at the InMobS workshop, June 2013 Braunschweig.

Kollarits S. und Mandl-Mair I. (2003) e-Government in der Straßenverwaltung. Behördenübergreifende work-flow Unterstützung für die Verordnungsgebung und Steigerung der Verkehrssicherheit mit GIS-Unterstützung. – Innsbruck. in: Proceedings European ESRI User Conference, 2003, Innsbruck.

MDM (2013) Mobilitäts Daten Marktplatz – Technische Schnittstellenbeschreibung. Version 2.3. 1, 17.05.2013.

OKSTRA (2013) Feinkonzept für ein Werkzeug zur Transformation von OKSTRA®-Daten in das INSPIRE-Modell. Online verfügbar unter: http://www.okstra.de/docs/n-dokumente/n0137.pdf.

Svensson J. (2013) Using GIS to calculate the potential for commuting by bike. URL: http://procee-dings.esri.com/library/userconf/emea13/papers/emea_158.pdf.

TomTom (2012), OpenLR – White Paper, Version 1.5 revision 2, URL: www.openlr.org

Widmann N. und Kollarits S. (2001) E-Road als Kommunikationsumfeld für Infrastrukturmanage-ment und Verkehrstelematik; in Verkehrstelematik, herausgegeben von der Donau-Universität Krems und der ÖAMTC-Akademie.

Elektronisches Ticket – Mehr als ein neuer Vertriebsweg

Thomas Hornig, Reinhard Huschke, Ingrid Kühnel,
Andreas Hoffmann, Christophe Fondrier und Andreas Helferich

1 Mobilitätskarte und Handyticketing verbessern komplementäre Mobilität: das Beispiel Schwäbisch Hall/Heilbronn

Thomas Hornig, Reinhard Huschke

▶ Mehr Komfort für die Fahrgäste, höhere Wertschöpfung für die Verkehrsbetriebe, Einbindung zusätzlicher Services – das interoperable E-Ticketing nach eTicket Deutschland-Standard bietet Vorteile für alle Beteiligten. Im Raum Schwäbisch Hall/Heilbronn wurde ein solches System erstmals konsequent

T. Hornig (✉) · R. Huschke
Freiburg, Deutschland
E-Mail: t.hornig@highQ.de

R. Huschke
E-Mail: huschke@text-und-co.de

I. Kühnel
Schwäbisch Hall, Deutschland
E-Mail: i.kuehnel@kreisverkehr-sha.de

A. Hoffmann
Vellberg, Deutschland
E-Mail: hans-andreas.hoffmann@kabelbw.de

C. Fondrier · A. Helferich
Stuttgart, Deutschland
E-Mail: c.fondrier@highQ.de

A. Helferich
E-Mail: a.helferich@highQ.de

© Springer Fachmedien Wiesbaden 2015   45
M. Sandrock (Hrsg.), *Intelligente Verkehrssysteme und Telematikanwendungen in Kommunen*,
DOI 10.1007/978-3-658-05856-2_2

umgesetzt: Mit der „KolibriCard" fahren Kunden des KreisVerkehrs Schwäbisch Hall (KVSH) und benachbarter Verbünde grenzüberschreitend, ohne die
jeweiligen Tarife kennen zu müssen, denn die Fahrtkettenbildung und Abrechnung erfolgt automatisch im Hintergrund. Die benötigten Hintergrund- und
Schnittstellensysteme für den Datenaustausch und das elektronische Fahrgeldmanagement (EFM) wurden vom Freiburger Softwareunternehmen highQ
Computerlösungen entwickelt und implementiert.

Die Vernetzung von Verkehrsunternehmen und komplementären Dienstleistern im Rahmen
von eTicket Deutschland eröffnet neue Möglichkeiten der multimodalen Verknüpfung –
Fahrgäste können mit unterschiedlichen Verkehrsmitteln von A nach B gelangen, ohne sich
Gedanken über verschiedene Tarife zu machen. Mit dem E-Ticket auf der Chipkarte ist
auch das Fahren über die Grenzen eines Verkehrsgebietes hinweg kein Problem. Die neue
Freiheit für die Fahrgäste bringt jedoch auch neue Anforderungen an die Verkehrsanbieter
mit sich, denn der zur Unterstützung der Interoperabilität erforderliche sichere Datenaustausch sorgt für eine hohe Komplexität der Hintergrundprozesse. Wie eine nutzerfreund-
liche Lösung eines elektronischen Fahrgeldmanagement-Systems aussehen kann, die Zu-
gangshürden für Verkehrsunternehmen und Fahrgäste auf ein vertretbares Maß reduziert,
zeigt das Beispiel der Verkehrsverbünde Schwäbisch Hall und Heilbronn/Hohenlohe.

1.1 Die Hürde der Komplexität

Interoperable Prozesse, wie sie eTicket Deutschland verlangt, sind eigentlich nichts Neues
– so kann man schon lange mit der Kontokarte der eigenen Bank an Geldautomaten anderer Bankinstitute Geld abheben oder außerhalb des eigenen Funknetzes mittels Roaming
mobil telefonieren. Vergleichbare Möglichkeiten für den öffentlichen Personenverkehr
(ÖPV) eröffnet das standardisierte System eTicket Deutschland: Im Endausbau soll es jedem ÖPV-Nutzer ermöglichen, mit dem Ticket seines heimatlichen Verkehrsbetriebs in jeder anderen deutschen Stadt öffentliche Verkehrsmittel ohne „Tarifabitur" zu nutzen, d. h.
ohne sich vorab über die dort geltenden Tarife und Bestimmungen informieren zu müssen.
Damit ein solches interoperables Verkehrssystem funktionieren kann, müssen vielfältige
Datenströme schnell und sicher zwischen allen beteiligten Verkehrsunternehmen bewegt
und von den jeweiligen EFM-Systemen „verstanden" und korrekt verarbeitet werden.
    Was sich so einfach, sinnvoll und plausibel anhört, ist in der Praxis hochkomplex. Dies
liegt zum einen an den vielen beteiligten Verbünden, Verkehrsunternehmen, Lieferanten,
Vertriebs- und Hintergrundsystemen sowie deren zahlreichen Schnittstellen und darüber hinaus auch an dem hohen Sicherheitsstandard, den ein solches bundesweites – und
vielleicht eines Tages europaweites – System erfordert. Wurde etwa bisher eine gewisse
Quote ungültiger oder manipulierter Fahrberechtigungen von den Verkehrsunternehmen
als unvermeidlich hingenommen, so ist diese bei interoperablen E-Tickets, die über die
Grenzen von Verkehrsanbietern und -verbünden hinweg gelten, nicht mehr tolerabel. Es
entstünden so regelmäßig Forderungen gegenüber dem jeweiligen Kundenvertragspartner,

also zwischen den Verkehrsanbietern untereinander. Deshalb sind bei eTicket Deutschland leistungsfähige Sicherheitsmechanismen vorgesehen, die eine unrechtmäßige Ausstellung und Nutzung von Fahrscheinen mit Hilfe komplizierter Authentifizierungs- und Kontrollmechanismen ausschließen, und dies für eine Vielzahl von Tarifsystemen, Bezahlarten, Fahrscheinen und Abonnements. Für einen teilnehmenden Verkehrsbetrieb ist somit sichergestellt, dass die Fahrgelder seiner Kunden auch tatsächlich bei ihm ankommen.

Als Folge all dieser Anforderungen umfasst allein die Spezifikation der VDV-Kernapplikation (so die technische Bezeichnung von eTicket Deutschland) rund 1800 Seiten – sich damit im betrieblichen Alltag auseinanderzusetzen, ist für die meisten ÖPV-Anbieter ein Ding der Unmöglichkeit. Entscheidend für die Akzeptanz des Systems in der Praxis ist daher die Entwicklung von „Out-of-the-box"-Lösungen, die den Verkehrsbetrieben mit vertretbarem Aufwand einen Einstieg in das interoperable E-Ticketing erlauben.

1.2 Heilbronn/Schwäbisch Hall – Deutschlands erste interoperable Verkehrsregion

Am weitesten in der Umsetzung eines solchen Systems ist man nicht etwa in den großen Metropolregionen der Republik, sondern im eher ländlich geprägten Württemberg: Die in zwei Verkehrsverbünden organisierten 26 Verkehrsunternehmen im Raum Heilbronn/ Schwäbisch Hall/Hohenlohekreis bieten bereits seit Längerem ein Check-in/Check-out-Verfahren (CiCo) für Gelegenheitsnutzer nach eTicket Deutschland-Standard an. Der Startschuss hierfür fiel im Jahr 2006 beim KreisVerkehr Schwäbisch Hall (KVSH) mit der Einführung der „KolibriCard" genannten Chipfahrkarte][1]. Das Projekt Kolibri&Co wird vom Bundesministerium für Verkehr, Bau und Stadtentwicklung (BMVBS) aufgrund eines Beschlusses des Deutschen Bundestages gefördert. 2007 wurde das Angebot auf den benachbarten Hohenlohekreis ausgedehnt und seit 2013 ist auch das Oberzentrum Heilbronn dabei – und damit die erste deutsche Großstadt mit einem interoperablen, VDV-KA-konformen CiCo-Ticketsystem. Die Fahrgäste der beteiligten Verbünde können sämtliche Strecken des Heilbronner-Hohenloher Nahverkehrsverbundes (HNV) sowie des KVSH befahren, ohne sich Gedanken über die – unterschiedlichen – Tarife machen zu müssen. Im System kommen derzeit bereits mehr als zehn verschiedene Tarife zur Anwendung, die im Hintergrundsystem (oder Backoffice) einmalig zentral verwaltet werden. Das Vorhalten dieser vielen Tarife in den Bussen und an den Bahnhofsautomaten entfällt. Der Gelegenheitsfahrer hält einfach seine Chipkarte beim Ein- und Aussteigen vor ein im Bus bzw. am Bahnsteig installiertes Terminal; die Daten werden an das EFM-System übertragen, das den Fahrpreis automatisch ermittelt. Der Abonnent muss seine Chipkarte sogar nur beim Einsteigen an das Terminal halten (Abb. 1).

Auf diese Weise werden die Zugangshemmnisse einer ÖPV-Nutzung reduziert und damit der Anreiz, „mal schnell" den Bus oder den Zug zu nehmen, deutlich erhöht. Die

---

[1] http://www.kolibricard.de/mediacontent/download_files/word_files/KA_Tarife.doc, S. 2 (25.05.2014).

Abb. 1 Check-in mit der KolibriCard in Schwäbisch Hall

hohe Akzeptanz des Systems bei den Fahrgästen wird durch die gestiegenen Nutzerzahlen der letzten Jahre bestätigt. Über 40 % aller Verkaufsvorgänge im Verbundgebiet werden mittlerweile über dieses bargeldlose E-Ticket-System abgewickelt. Zusätzlich zu den
ÖPV-Tickets können seit 2011 weitere Funktionen wie der Zugang zu Parkhäusern und
städtischen Schwimmbädern auf die Chipkarte geladen werden – dieses System einer eTicket Deutschland-konformen Multiapplikationskarte wurde im Dezember 2011 mit dem
RFID-Mittelstandsaward ausgezeichnet[2].

1.2.1 Neue Chancen für Angebotsverbesserungen

Abgerechnet werden alle vom Fahrgast in Anspruch genommenen Verkehrs- und Dienstleistungen nach dem sogenannten Autoload-Prepaid-Verfahren. Bei Erreichen eines bestimmten Schwellenwertes wird vom Girokonto des Kunden ein definierter Geldbetrag für
die nächsten anstehenden Fahrten im Voraus abgebucht. Am Monatsende erhält der Kunde
einen Kontoauszug mit einer detaillierten Übersicht der absolvierten Fahrten. Auch andere
spezielle Abrechnungsformen, z. B. gegenüber Firmen, können über das Hintergrundsystem einfach abgewickelt werden. Die daraus resultierende Transparenz nützt nicht nur
den Fahrgästen, sondern auch den beteiligen Verbünden: Sie erhalten erstmals exakte
Daten über die tatsächliche Nutzung ihrer verschiedenen Verkehrsangebote. Dank dieser Informationen ist eine präzise Zuscheidung der Fahrgeldeinnahmen zu den einzelnen
Mitgliedern im Verbund möglich, die aufwändigen und vergleichsweise wenig präzisen
Verkehrszählungen können so mittelfristig entfallen. Außerdem kann das Angebot für den
Fahrgast zielgerichtet optimiert werden. Insbesondere für ÖPV-Anbieter im ländlichen
Raum eröffnen sich damit neue Chancen, Einnahmeverluste infolge des abnehmenden

---

[2] http://www.ecin.de/aktuell/16684-rfid-mittelstandsaward-2011-f%C3%BCr-korrosions-
fr%C3%BCherkennung.html (15.10.2014).

Schülerverkehrs auszugleichen. Die Privatsphäre der Kunden bleibt bei alledem gewahrt: Mit dem Datenschutzbeauftragten des Landes Baden-Württemberg abgestimmte Konzepte stellen sicher, dass es keinen „gläsernen Fahrgast" geben wird – auch dies ein wichtiger Aspekt für die Akzeptanz des E-Tickets.

1.2.2 Kosteneinsparung durch Verzicht auf Ticketautomaten

Neben dem komfortableren Angebot für die Fahrgäste und der Chance, weitere Fahrgastgruppen zu erschließen, stellte die Perspektive, auf einen Teil der Fahrkartenautomaten verzichten zu können, für den KVSH und den HNV einen weiteren wichtigen Motivationsfaktor für den Einstieg in eTicket Deutschland dar – die Reduktion der Unterhaltskosten von deutlich über 1000 € pro Monat und Automat ist ein durchaus erwünschter wirtschaftlicher Nebeneffekt. Gemeinsam mit dem Freiburger IT-Unternehmen highQ Computerlösungen entwickelte man eine EFM-Systemlösung, die seit nun über fünf Jahren in enger Abstimmung mit den alltäglichen betrieblichen Erfordernissen sukzessive ergänzt und perfektioniert wurde. Entsprechend hoch ist der inzwischen erreichte Reifegrad. Die im Wesentlichen aus drei Komponenten – einem eTicket Deutschland-fähigen EFM-System, einem Schnittstellenmodul und einer Smartphone-Kontrollapplikation – bestehende Lösung übernimmt die Abwicklung der komplexen Hintergrundprozesse, sodass sich die Anwender in den Servicestellen und Backoffices ganz auf ihr Tagesgeschäft konzentrieren können. Abbildung 2 zeigt wie die Komponenten in so einem System zusammenspielen können. Im ersten Prozess werden Chipkarten aus TicketOffice ausgegeben, die der Fahrgast dann in Bussen, in Taxis, an Automaten usw. sowie mit mytraQ nutzen kann. Im zweiten Teil sieht man, dass der Datenaustausch zwischen Verkehrsunternehmen und – verbünden über das interoperable Hintergrundnetzwerk (ION) erfolgt. Der Zugang der verschiedenen Interessensgruppen gelingt über die Appliance IONgate. Die Kartenausgabe, die Akzeptanz und die Kontrolle für intermodale Angebote erfolgt im dritten Teil mit der App mytraQ für NFC-Smartphones[3].

1.3 Die Komponenten des interoperablen EFM-Systems

1.3.1 TicketOffice – interoperables EFM für Klein- und Großbetriebe

Im Mittelpunkt des Systems steht die EFM-Software TicketOffice, die den kompletten Kundenverwaltungsprozess inklusive Ausgabe und Kontrolle aller üblichen Fahrscheinmedien, vom Papierfahrschein über Magnetkarten, kontaktlose und kontaktbehaftete Chipkarten bis zum Handy-Ticket nach eTicket Deutschland-Standard, beherrscht (einschließlich Stufe 1 bis Stufe 3 der VDV-KA). Auch die automatische Fahrpreisfindung und Fahrkettenbildung für den interoperablen Einsatz werden unterstützt, inklusive der Abrechnung über das von HNV und KVSH gewählte Autoload-Prepaid-Verfahren. Darü-

---

[3] NFC: Near Field Communication, Nahfeldkommunikation, siehe http://nfc-forum.org/what-is-nfc/ (10.10.2014).

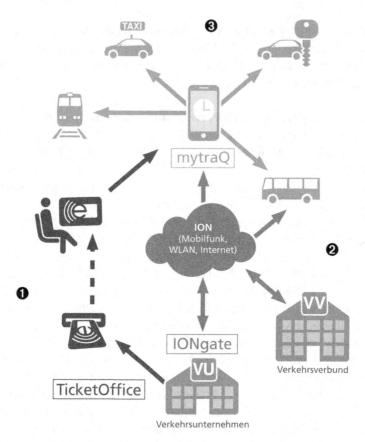

Abb. 2 Zusammenspiel der Systemkomponenten

ber hinaus dient TicketOffice als Auskunftszentrum bei Kundennachfragen, denn sämtliche innerhalb eines aktuellen Abrechnungszeitraums absolvierten Fahrten eines Kunden sind durch entsprechend autorisierte Service-Mitarbeiter abrufbar. Für den Kunden selbst ist das auch online möglich, auf seiner persönlichen Internet-Auskunftsseite.

Wie nicht anders zu erwarten, hatten die Fahrgäste gerade in der Eingewöhnungszeit des CiCo-Ticketings (in den ersten zwei bis drei Monaten) einen erhöhten Beratungsbedarf. So vergaßen sie bisweilen das Auschecken, sodass Fahrten im Kundenzentrum zunächst mühsam „von Hand" nachvollzogen werden mussten. Dies leistet inzwischen ein Zusatzmodul zu TicketOffice namens „CiCoLo" (Check-in/Check-out-Logikprüfung, gleichermaßen auch für Be-in/Be-out-Systeme geeignet), das in solchen Fällen die wahrscheinliche Fahrkette des Kunden rekonstruiert. Entgegen früherer Annahmen einiger ÖPV-Experten, die den Check-in-Vorgang als „zusätzliche Hürde" einschätzten, wurde dieser von den Fahrgästen praktisch durchweg positiv wahrgenommen und erhöhte sogar deren Kundenzufriedenheit. Dies hängt offenbar damit zusammen, dass der Fahrgast über seine rechtmäßige Inanspruchnahme der Verkehrsleistung eine entsprechende Rückmeldung erhält – der Schwarz- oder Graufahrer hingegen nicht. Die „soziale Kontrolle" am Check-in-Terminal erweist sich hier also als mehrfach förderlich.

Auch auf Seiten der beteiligten Verkehrsunternehmen gewöhnte man sich schnell an das neue System. Denn mit seiner nutzerfreundlichen Konzeption ist TicketOffice insbesondere auf die Bedürfnisse kleiner und mittelständischer Verkehrsunternehmen wie dem KVSH zugeschnitten, ist aber aufgrund seiner Skalierbarkeit ebenso in großen Verkehrsbetrieben und -verbünden einsetzbar. Zu den größeren Anwendern gehört beispielsweise seit 2012 der Verkehrsverbund Berlin-Brandenburg (VBB), der eine mandantenfähige Cloud-Variante von TicketOffice nutzt. Diese basiert auf einer Kooperation von highQ und IBM und kann über die Cloud die benötigten hohen Datenübertragungs- und Verarbeitungskapazitäten bereitstellen. Die bereits 2009 vorgestellte Cloud-Edition von TicketOffice wurde 2012 mit dem IBM BestSeller Award ausgezeichnet[4]. Bundesweit arbeiten inzwischen bereits über 40 Verkehrsunternehmen mit TicketOffice.

1.3.2 IONgate – das Tor zum interoperablen Netzwerk

Bei der Ausgabe, Kontrolle und Abrechnung interoperabler E-Tickets erfolgt der Datenaustausch zwischen den beteiligten Verkehrsbetrieben über die gängigen Internet- bzw. Mobilfunkverbindungen, die allerdings mittels Zugangsbeschränkungen und Kontrollmechanismen zusätzlich abgesichert sind. Dieses abgesicherte Hintergrundnetzwerk von eTicket Deutschland wird als ION (Interoperables Netzwerk) bezeichnet. Die Zugangsschlüssel jedes ION-Teilnehmers einschließlich verschiedener Software-Zertifikate werden dabei in einem Hardwaremodul namens SAM (Secure Application Module) gespeichert, welches hinsichtlich des technischen Konzeptes mit der SIM-Karte des Mobilfunks vergleichbar ist, dabei aber eine höhere Sicherheit und Flexibilität bietet. Das SAM identifiziert den jeweiligen Anbieter und legt fest, welche Arten von Fahrtberechtigungen er ausstellen darf und mit welchen anderen Verkehrsgebieten Interoperabilität besteht.

Um all diese (und viele weitere) Details des ION-Zugangs braucht sich der Anwender nicht zu kümmern – dies erledigt für ihn die zweite Komponente der Systemlösung, das Schnittstellenmodul „IONgate". Das von highQ im Rahmen des vom BMBF geförderten Forschungsprojekt „Aprikose" (Appliance zur Unterstützung von KMU bei der Erbringung komplexer Mobilitäts-Services) bereitgestellte Gerät von der Größe eines Sat-Empfängers gewährleistet den reibungslosen Datenverkehr und die Kontrolle der Korrektheit, Authentizität und Vollständigkeit der – durch Softwaremechanismen in SAMs und Chipkarten – gesicherten Ausstellungs-, Kontroll- und Nutzungstransaktionen. In der Einfachheit der Anwendung ist IONgate vergleichbar mit einem Router oder Surfstick für die Internetnutzung. So können weitere Systeme, beispielsweise Fahrscheindrucker und Kontrollgeräte verschiedener Hersteller via IONgate in das ION eingebunden werden. Dies ist eine wichtige Voraussetzung für die Funktionsfähigkeit des Gesamtsystems, da bisher nur

---

[4] http://www.heise.de/resale/artikel/IBM-delegiert-Geschaeft-und-Verantwortung-an-Partner-1429685.html?artikelseite=2 (22.10.2014).

wenige Hersteller eTicket Deutschland-kompatible und -zertifizierte Peripheriegeräte auf dem Markt anbieten.

Die Anbindung aller für die Ticketausgabe und -kontrolle zuständigen Systeme und Geräte an das ION ist unter anderem für die unternehmensübergreifende Fahrkettenbildung erforderlich. Steigt etwa ein Kunde des KreisVerkehrs Schwäbisch Hall in Heilbronn in den Bus und im Hohenlohekreis wieder aus, war er nicht nur mit verschiedenen Verkehrsunternehmen unterwegs, sondern er hat auch die Grenze seines Heimat-Verkehrsverbundes überschritten. Dennoch lassen sich die gefahrenen Teilstrecken und die anteiligen Fahrgelder den beteiligten Verkehrsunternehmen exakt zuordnen. Die Fahrtinformationen werden teilweise in Echtzeit über IONgate beim zuständigen Verkehrsbetrieb, in diesem Fall dem KVSH, angeliefert. Das Modul CiCoLo überprüft, ob sich die Einzelfahrten zu einer Fahrkette kombinieren lassen und gibt das Ergebnis an TicketOffice zur Abrechnung weiter. Die monatliche Abrechnung erhält der Fahrgast dann stets von „seinem" Verkehrsbetrieb, unabhängig davon, mit welchen anderen Verkehrsanbietern er „fremdgefahren" ist. Trotz der neuen Freizügigkeit, die das interoperable Ticketing dem Fahrgast bietet, bleibt auf diese Weise die direkte Kundenbindung erhalten.

Mit dem IONgate erfolgt teilweise auch die Überwachung und Nachvollziehbarkeit der Datentransportkette („Monitoringsystem"). Die Erfahrungen beim KVSH in den ersten Jahren haben gezeigt, dass bei gelegentlich vorkommenden Störungen im Datenfluss schwierig zu ermitteln ist, an welcher Stelle im verzweigten Netzwerk die Störung vorliegt. Der ÖPV-Anbieter war mit dieser Fehlersuche oft überfordert – IONgate entschärft diese Problematik bereits jetzt entscheidend. Überwacht wird dabei insbesondere auch die Vollständigkeit der geldwerten Verkaufstransaktionen. Weitere Funktionen und Anwendungsgebiete sollen folgen.

1.3.3   mytraQ – Fahrscheinkontrolle mittels Smartphone-App

Auch für den Fahrscheinkontrolleur enthält die highQ-Systemlösung eine einfach nutzbare Anwendung. Als Kontrollgerät dient ihm ein NFC-fähiges Smartphone mit der Mobilfunkapplikation „mytraQ" – der ersten am Markt erhältlichen App, mit der Kontrolleure auf handelsüblichen Mobiltelefonen sowohl eTicket- als auch 2D-Barcodes überprüfen können. Dazu hält der Kontrolleur die Chipkarte des Fahrgastes an sein Smartphone, das ihm sofort anzeigt, auf welcher Strecke und wie lange das Ticket gültig oder ob die Chipkarte möglicherweise gesperrt ist. Die für die Kontrolle erforderlichen Hintergrunddaten, beispielsweise Sperrvermerke, werden ihm aus TicketOffice via IONgate übermittelt.

Die Investitionen in dieses Kontrollsystem sind gering, da hierfür keine spezielle Hardware benötigt wird. Bei NFC[5] handelt es sich um einen Funkübertragungsstandard ähnlich Bluetooth, über den eine zunehmende Anzahl handelsüblicher Mobiltelefone verfügt. Eine Testversion der mytraQ-App steht zu Testzwecken kostenlos im Google- bzw. Android-PIT-Store zum Download bereit. Außer dem berührungslosen Auslesen von Chip-

---

[5] NFC: Near Field Communication, Nahfeldkommunikation, siehe http://nfc-forum.org/what-is-nfc/ (10.10.2014).

Abb. 3 Ticketkontrolle mit mytraQ: *links* Auslesen der auf einer Chipkarte gespeicherten Fahrtberechtigungen, *rechts* Kontrolle eines 2D-Barcodes

kartentickets kann mytraQ zusätzlich gedruckte 2D-Barcodes verschiedener Standards überprüfen, die als einfachere E-Tickets ebenfalls weit verbreitet sind (beispielsweise bei der Deutschen Bahn) (Abb. 3).

Ein weiteres Einsatzgebiet findet mytraQ bei komplementären Verkehrsanbietern, die im Auftrag eines Verkehrsbetriebs tätig sind. So hat der KreisVerkehr Schwäbisch Hall gemeinsam mit örtlichen Taxiunternehmen ein Ruftaxi-Angebot namens „CiCo-Taxi" für den Anschluss- und Ersatzverkehr in verkehrsarmen Zeiten entwickelt – ein bisher bundesweit einzigartiges Angebot. Die App ist in diesem Fall auf dem Mobiltelefon des Taxifahrers installiert und übernimmt die Funktion eines CiCo-Terminals: Die Chipkarte des Kunden wird beim Ein- und Aussteigen an das Handy gehalten und so die zurückgelegte Fahrtstrecke registriert (Abb. 4 oben). Beim Start des CiCo-Taxi-Modus sucht mytraQ die aktuelle Position und die nächstgelegene Haltestelle. Danach kann mit dem Check-in/Check-out-Vorgang begonnen werden. Wie in der Mitte der Abb. 4 zu erkennen, gibt mytraQ dem Taxifahrer nach erfolgtem Check-in eine Rückmeldung,wo, wann und mit welcher Karte dieser durchgeführt wurde. Am Ende der Fahrt, nach dem Check-out, wird eine kurze Zusammenfassung der Fahrtdaten angezeigt (Abb. 4 unten). Die Daten

Abb. 4 CiCo-Taxi Schwäbisch
Hall: Ein- und Auscheckvor-
gang mit mytraQ

werden via Mobilfunk und IONgate an das TicketOffice des KVSH übertragen. Ebenso
wie bei der Benutzung von Bus und Bahn ist damit gesichert, dass die abgerechneten Fahrten tatsächlich stattgefunden haben und einem bestimmten Fahrgast in Rechnung gestellt
werden können. Auch für den Fahrgast stellt das System einen Mehrwert dar, da er seine
Chipkarte übergangslos für die Taxifahrt nutzen kann.

1.4 Von der einfachen Busfahrt zum multimodalen Mobilitätsangebot

Ähnlich dem Schwäbisch Haller Ruftaxi lassen sich weitere Mobilitätsdienstleistungen,
zum Beispiel ein Schlüssel für Carsharing oder Mietfahrräder in das System integrieren,
sodass ein echtes multimodales Mobilitätsangebot entsteht – ein entsprechendes, funk-
tionsfähiges Angebot wurde dem Fachpublikum mit großer Resonanz auf der InnoTrans
2012 anhand eines serienmäßigen Flinkster-E-Smart vorgestellt (Abb. 5).

Zusätzlich können weitere Zugangsberechtigungen wie ein Bibliotheksausweis oder
ein Museumspass auf der Chipkarte (oder alternativ auf einem NFC-Handy) des Fahrgastes gespeichert werden. Mit dem beschriebenen, aus TicketOffice, IONgate und mytraQ
bestehenden EFM-Lösungspaket kann der Verkehrsbetrieb alle diese Dienste komfortabel verwalten, ohne sich Gedanken über die Voraussetzungen und Details des Datenaustauschs in einem interoperablen Mobilitätsnetzwerk machen zu müssen. Auch komple-
mentäre Dienstleister, die keinen eigenen „Vollanschluss" an das ION benötigen, können
via mytraQ an den Möglichkeiten von eTicket Deutschland teilhaben.

1.5 Vorbild für andere Verbünde im ländlichen Raum

Mit der in Heilbronn/Schwäbisch Hall/Hohenlohe realisierten Lösung wurde nicht nur ein
(bisher) einzigartiges Verkehrsangebot im ländlichen Raum etabliert, sondern auch eine
Systemlösung entwickelt, welche die Hürden für andere ÖPV-Anbieter, die über einen

Abb. 5 Carsharing mit der Mobilitätskarte: Der E-Flinkster (Smart Electric Drive der DB Rent GmbH) kann mittels eTicket-Chipkarte geöffnet und genutzt werden

Einstieg in eTicket Deutschland nachdenken, deutlich senkt. Insbesondere für kleinere Verkehrsanbieter, die keine umfangreichen IT-Strukturen vorhalten und pflegen können, stellen die von highQ entwickelten Out-of-the-box-Module eine praxisgerechte Lösung dar, mit der sich interoperables E-Ticketing gemäß eTicket Deutschland-Standard auch außerhalb der Großverbünde und Metropolregionen realisieren lässt.

2   Das Projekt E-Ticket beim KreisVerkehr Schwäbisch Hall

Ingrid Kühnel

2.1   Projektinformationen

▶ Das E-Ticket ist mehr als ein neuer Vertriebskanal. Es bietet viele weitere Möglichkeiten, die Vorteile für die Kunden und die Verkehrsunternehmen mit sich
   bringen. Neben dem „barrierefreien" Zugang zu Bussen und Bahnen ist es der
   Ausbau zu einer Mobilitätskarte, die neue Möglichkeiten eröffnet, denn durch
   das E-Ticket wird auch der Weg zu einer vernetzen Mobilität erleichtert.
   Es hat sich gezeigt, dass ein E-Ticket auch im ländlichen Raum umzusetzen ist
   und gute Ergebnisse erzielen kann – und das vor allem schneller und umfassender, als bei vielen anderen Großprojekten.

Die KreisVerkehr Schwäbisch Hall GmbH
Der Verkehrsverbund KreisVerkehr Schwäbisch Hall (KVSH) GmbH ist ein typischer
Mischverbund in Baden-Württemberg. Gesellschafter sind: Landkreis Schwäbisch Hall,
Stadtbus Schwäbisch Hall GmbH (Veolia-Gruppe), Hofmann Omnibusverkehr GmbH,
Omnibusunternehmen Hansmann, Reisedienst Marquardt GmbH, Friedrich Müller Omni-
busunternehmen GmbH, Röhler Touristik GmbH, StadtBus Crailsheim, Omnibusverkehr
Schmieg GmbH und DB Regio AG.

Das Verkehrsgebiet, der Landkreis Schwäbisch Hall, gehört mit rund 1500 km² zu den
flächenmäßig großen Landkreisen in Baden-Württemberg. Die rund 190.000 Einwohner
leben in 30 Städten und Gemeinden mit insgesamt 819 Wohnplätzen. Trotz der geringen
Einwohnerdichte (128 Einwohner/km²) gibt es ein gut ausgebautes Streckennetz mit zwei
Stadtbussystemen, 2600 Haltestellen und 11 Bahnhöfen. Es werden jährlich über 17 Mio.
Personenfahrten durchgeführt.

Der Verbund hat 10 Mitarbeiterinnen und Mitarbeiter, die sich neben den üblichen Ver-
bundaufgaben auch um das gemeinsame Abonnement und den verbundeinheitlichen Vertrieb kümmern.

Oberstes Ziel für den KreisVerkehr Schwäbisch Hall ist es, mehr Menschen auf Dau-
er an den ÖPNV zu binden. Gerade zum jetzigen Zeitpunkt, an dem der demografische
Wandel zu Rückgängen vor allem im Schülerverkehr führt, kommt der Erschließung neuer
Kundenpotenziale eine besondere Bedeutung zu. Neben einem ausgewogenen Fahrplan-
angebot und dem Bemühen um einen den heutigen hohen Ansprüchen genügenden Qua-
litätsstandard, stellt die Beseitigung von noch existierenden Zugangshemmnissen und
-barrieren eine wichtige Zukunftsaufgabe dar. Eines der Zugangshemmnisse ist die Un-
sicherheit von Gelegenheitskunden hinsichtlich Tarif und Wahl des richtigen Fahrscheins.
Der von uns eingeschlagene Lösungsweg lautet: elektronisches Ticketing nach „eTicket
Deutschland"-Standard.

Mit dem Begriff des elektronischen Tickets wird in erster Linie der Wegfall des Bargelds in Verbindung gebracht. Die Einführung des E-Tickets bietet jedoch nicht nur den Pluspunkt, dass die „lästige" Handhabung des Bargelds für alle Beteiligten entfällt, vielmehr impliziert das Vertriebssystem viele weitere Möglichkeiten, die Vorteile für die Kunden und die Verkehrsunternehmen mit sich bringen. Insbesondere ermöglicht das E-Ticket Gelegenheitsfahrern einen „barrierefreien" Zugang zu Bussen und Bahnen und weist ihnen den Weg hin zum Dauerkunden. Durch das neue System bieten sich neue Möglichkeiten zur kundenfreundlichen und einfachen Tarifgestaltung. Ebenso gehörten die Themen Beschleunigung der Abfertigung, Erhöhung der Pünktlichkeit, Entlastung der Fahrer, Abwicklung von JobTickets und Ersatz der alten Fahrscheindrucker mit zu den Gründen der Umstellung auf das E-Ticket.

Mit dem neuen Vertriebssystem wurde auch die vorhandene, regional begrenzte RegioCard mit Chip durch eine kontaktlose „E-Ticket-Card" ersetzt. Dazu mussten Busse, Bahnhöfe und Verkaufsstellen neue Verkaufstechnik erhalten. Eine der Grundlagen dieser Verkaufstechnik ist der vom Verband der Deutschen Verkehrsunternehmen (VDV) festgelegte Standard für das elektronische Fahrgeldmanagement, die VDV-Kernapplikation, kurz VDV-KA. Hierin ist der Standard für das „Kundenmedium" und die „Kundenschnittstelle" festgelegt. Dies bedeutet, dass der Kunde „seine" Karte (Kundenmedium) überall mit den gewohnten Handlungsabfolgen (Kundenschnittstelle) nutzen kann.

2.2 Einfach einsteigen und losfahren

Die weitreichendste Neuerung für den E-Ticket-Nutzer ist, dass er sich nicht mehr um Tarife kümmern muss. Beim Ein- und Aussteigen führt er sein Ticket an einem Terminal vorbei, seine Fahrtstrecke wird registriert – die Standortbestimmung der Verkehrsmittel erfolgt über GPS – und der Fahrpreis wird nachträglich in einem Hintergrundsystem automatisch berechnet. Als Hintergrundsystem kommt die gemeinsam mit dem Freiburger Systemhaus highQ Computerlösungen entwickelte Software „TicketOffice" zum Einsatz, über die auch die Abonnements abgewickelt werden. Das Programm wurde für die Abrechnung des E-Tickets gemäß der VDV-KA ausgebaut und durch das Modul „CiCoLo" ergänzt, welches die sogenannten Fahrtketten bildet. (Näheres zur technischen Funktionsweise des Systems siehe weiter unten in Abschn. 2.6.)

Mit der Einführung des E-Tickets wurden gleichzeitig die Grundlagen für die Datenflüsse neu geregelt. Von allen Betriebshöfen der beteiligten Verkehrsunternehmen sowie den zentralen Omnibusbahnhöfen (ZOB) werden die Verkaufsdaten über WLAN (VPN) an die Zentrale des KreisVerkehrs weitergeleitet. Die E-Ticket-Terminals an den Bahnhöfen des Schienenverkehrs (siehe Abb. 6) sind über GPRS angebunden. Der Schutz der personenbezogenen Daten wurde bei alledem sehr ernst genommen. Deshalb wurde die Datenschutzaufsichtsbehörde für den nichtöffentlichen Bereich beim Innenministerium in Baden-Württemberg bereits in der Entwicklungsphase des Systems einbezogen.

Abb. 6 Check-in/Check-out-Terminal am Bahnhof Gaildorf

2.3 Mehr Kunden für den ÖPNV

Mehr Transparenz ermöglicht effektiveres Marketing, lässt gezieltere Angebotsplanungen zu und führt zu der gewünschten Qualitätssteigerung, die wiederum bewirken soll, dass mehr Bürger zu zufriedenen ÖPNV-Kunden werden. In diesem Sinne war die Modernisierung des Vertriebsweges und der Ausbau der Vertriebskanäle eine Maßnahme zur Zukunftssicherung des ÖPNV im Landkreis Schwäbisch Hall. Die Chance, den ÖPNV weiter nach vorne zu bringen, dessen Image zu verbessern und neue Kunden zu gewinnen, wurde genutzt.

Der KreisVerkehr hat die Umsetzung des Projektes für die am Verkehrsverbund beteiligten Verkehrsunternehmen übernommen, nachdem zuvor gemeinsam die Ziele festgelegt worden waren. Innerhalb des Projektes waren viele Teilprojekte zu bearbeiten, z. B. die Beschaffung der Verkaufsgeräte für Busse, der Terminals für die Bahnhöfe sowie der zugehörigen Software, der Aufbau eines WLAN-Netzes, die Entwicklung eines Datenflusskonzeptes, die Entwicklung und Programmierung des Abrechnungssystems, die Erfassung der GPS-Daten, die Gewährleistung des Datenschutzes, die Einführung eines einheitlichen Fahrplanprogramms, ein neues Marketingkonzept, die Schulung der Mitarbeiter und anderes mehr. Über 200 Busse und 11 Bahnhöfe mussten für das E-Ticket fit gemacht werden.

Ermöglicht wurde all dies durch die Förderung des Landes Baden-Württemberg. Im Rahmen des II. Innovationsprogramms ÖPNV hat der Verkehrsverbund Zuschüsse in Höhe von 50 Prozent (1,6 Mio. €) der angefallenen Kosten erhalten. Die restlichen 50 Prozent schulterten die Verkehrsunternehmen selber.

2.4 Neue Freiheiten für Gelegenheitsfahrer

Die neue Chipfahrkarte für das E-Ticket beim KreisVerkehr Schwäbisch Hall heißt „KolibriCard". Der Name ist Programm: Der Kolibri ist leicht, wendig, flink, beweglich und daher ein ideales, liebenswertes Maskottchen. Er symbolisiert somit auf ideale Weise die neuen Freiheiten des Gelegenheitsfahrers bei der Benutzung von Bussen und Bahnen. Die KolibriCard ist gleichsam der „Autoschlüssel" für den ÖPNV, der das Ein-, Aus- und Umsteigen einfach und komfortabel macht und so zur häufigeren Nutzung von Bussen und Bahnen einlädt. Bürokratische Hürden wie Tarifstudium und Kleingeldsuche gehören der Vergangenheit an, sodass durch die „Leichtigkeit des Einstiegs" die Nutzungsakte und Nutzerzahlen steigen.

Um diese „Schlüsselfunktion" der KolibriCard zu betonen, kann der Fahrgast seine persönliche Ticketausführung wählen: Die KolibriCard gibt es in einer Edition von acht Motiven, aus der jeder Fahrgast – egal ob jung (siehe Abb. 7) oder alt – „seine" Karte aussuchen kann. Denn eine Karte, die gut gefällt, erhält einen „besseren" Platz im Geldbeutel, wird daher mehr gesehen und auch öfter genutzt.

Abb. 7 Durch ihr buntes Design spricht die KolibriCard auch jüngere Fahrgäste an

2.5   Auch die Verkehrsunternehmen profitieren

Schnelle Abfertigungszeiten (ohne Verkaufsvorgang) tragen dazu bei, die Pünktlichkeit zu erhöhen. Die Fahrer werden entlastet, der Bargeldbestand nimmt ab.

Die Verkehrsunternehmen verfügen nun – ohne aufwändige Zählungen – über Echtdaten, die eine perfekte Grundlage für Angebotsplanungen darstellen sind. Kannten die Unternehmen bisher nur ihre Abonnementskunden, kennen sie nun auch die Präferenzen der Gelegenheitsfahrer und können gezielt Kundenpflege und -gewinnung betreiben.

Ein weiterer Vorzug ist, dass sich die Fahrgeldeinnahmen – auch bei Umsteigeverbindungen – genau den befördernden Unternehmen zuordnen lassen, d. h. die Fahrgelder fließen dorthin, wo die reale Beförderungsleistung erbracht wurde. Durch die Möglichkeit des schnellen Sperrens der KolibriCard lassen sich darüber hinaus Einnahmeausfälle vermeiden.

2.6   Wie funktioniert das neue E-Ticket?

Zum Einsatz kam das System Check-in/Check-out (Stufe 3a der Kernapplikation – CiCo mit automatisierter Fahrpreisfindung) mit einer berührungslos lesbaren Chipkarte. Vor der erstmaligen Nutzung bestellt der Kunde eine personifizierte Karte und erteilt eine Einzugsermächtigung über einen von ihm festgelegten Betrag. Die Karte wird dann direkt zum Kunden nach Hause geschickt.

Abb. 8 Der CheckIn-Prozess

Bei jedem Einstieg in den Bus oder in den Zug hält der Fahrgast seine KolibriCard an die markierte Stelle eines im Bus oder auf dem Bahnsteig angebrachten Terminals (siehe Abb. 8). Eingecheckt ist man, wenn im Display des Gerätes die entsprechende Anzeige erscheint, ein grünes Licht blinkt und ein Piepton ertönt. Zu jedem Check-in gehört natürlich auch ein Check-out, der nach demselben Ablaufmuster funktioniert.

Die Berechnung des Fahrpreises erfolgt im Hintergrundsystem TicketOffice, über das auch die monatliche Abrechnung erstellt wird. Die automatische Preisermittlung funktioniert meist auch dann, wenn der Fahrgast einen Check-in- oder Check-out-Vorgang vergessen hat, beispielsweise beim Umsteigen. Dann wird die wahrscheinliche Fahrkette des Kunden vom Softwaremodul „CiCoLo" (Check-in/Check-out-Logikprüfung) rekonstruiert.

Die nutzungsabhängigen Fahrpreise werden mit dem bereitgestellten Guthaben auf dem Konto des Fahrgastes verrechnet. Abgerechnet wird der rabattierte Einzelfahrausweis des RegioTarifs für Erwachsene und Kinder. Fällt das Guthaben unter fünf Euro, wird der festgelegte Guthabenbetrag per Lastschrift erneut eingezogen. Mit seiner Monatsrechnung wird der Fahrgast über den Stand des Guthabens informiert und erhält auf Wunsch auch eine Auflistung jeder einzelnen Fahrt per Post oder E-Mail. Unter www.kolibricard. de hat er außerdem im Internet die Möglichkeit, Einsicht in seine persönlichen Daten zu erhalten. Für diesen Service ist nur eine einmalige Anmeldung erforderlich, bei der der Kunde eine Benutzerkennung und ein persönliches Passwort erhält.

2.7   Die bisherigen Ergebnisse der KolibriCard

Die Kunden haben die neue Art des Fahrens und Bezahlens mit dem ÖPNV gut angenommen: Über 12.500 Kunden haben sich seit der Einführung im Jahr 2006 bis heute für die KolibriCard entschieden. Monatlich werden damit über 50.000 Fahrten durchgeführt, bis heute insgesamt über 10 Mio. Fahrten. Auch die Kundenbindung funktioniert: Über die KolibriCard haben bereits viele Kunden den Weg ins Abonnement gefunden.

Hinzu kommt, dass der KreisVerkehr Schwäbisch Hall nun das Nutzungsverhalten seiner Kunden viel besser kennt – und daraus Schlüsse ziehen kann, ohne aufwändige Verkehrserhebungen zu machen. Dies lässt eine Verkehrsplanung zu, die zum einen Bedürfnisse der Kunden berücksichtigt und zum anderen Optimierungen der Fahrpläne ermöglicht. Auch über das Umsteigeverhalten konnten neue Erkenntnisse gewonnen werden: Die Kunden steigen an Haltestellen um, die von Seiten des Verkehrsbetriebs nie als Umsteigehaltestellen eingeschätzt wurden. Diese Erkenntnisse fließen in die künftigen Planungen ein.

Das erste E-Ticket-Projekt in Baden-Württemberg ist so konzipiert und ausgelegt, dass der KreisVerkehr künftig ein Glied in einer bundesweit durchgängigen und flächendeckenden ÖPNV-„Tarifkette" sein kann. Regional funktioniert der Übergang zu anderen Verkehrsanbietern, die sogenannte Interoperabilität, bereits: Seit 2007 können die Kolibri-Card-Kunden des KreisVerkehrs mit ihrer Karte auch im Hohenlohekreis (NVH) fahren. Bereits im ersten Monat haben KreisVerkehr-Kunden über 500 Fahrten im Nachbarlandkreis mit der KolibriCard durchgeführt, und dies ohne Bewerbung seitens des Verkehrsbetriebs.

Nachdem das E-Ticket – die KolibriCard – am Markt etabliert war, wurden nun weitere Schritte unternommen, um zum einen dessen Ausbau zu einer „Mobilitätskarte" mit zusätzlichen Angeboten für die Fahrgäste voranzutreiben und zum anderen eine Ausweitung des Geltungsbereiches zu erreichen.

2.8   Mobilitätskarte – Integration einer Parkapplikation

Mit dem elektronischen Ticket wurde ein erster Schritt auf dem Weg zur Neugestaltung von Mobilität gegangen. Ein Ziel war es, weg von den komplizierten Tarifstrukturen für

„Noch-nicht-ÖPNV-Kunden" hin zu mehr Service und Fahrkomfort zu gelangen – Motto: Einsteigen und losfahren, ohne sich zuvor um Kleingeld, Preise und Geltungsbereiche zu kümmern. Dieses mittelfristige Ziel des elektronischen Ticketings, den öffentlichen Personennahverkehr für weitere Kunden zu öffnen, wurde inzwischen erreicht. Bus- und Bahnfahren wurde einfacher, denn das intelligente System kennt alle Fahrtrouten und errechnet den Fahrpreis automatisch.

Die beim KreisVerkehr Schwäbisch Hall und Hohenlohekreis eingesetzte „KolibriCard" sowie die im Ostalbkreis verwendete „Ostalbmobil-Karte" sind prozessorgesteuerte, ISO-standardisierte (Mifare-Standard) RFID-Nutzermedien für den ÖPNV, mit denen innerhalb von Verbünden als auch verbundübergreifend elektronisch Fahrausweise abgebildet werden können. Dieses aktive Nutzermedium ist in der Lage, auch andere Applikationen, die nicht zwingend ÖPV sein müssen, abzubilden.

Deshalb wurde vom KreisVerkehr Schwäbisch Hall folgendes Projekt in Angriff genommen: Integration der Parkapplikation Schwäbisch Hall auf Basis des Mifare-Standards in das ÖPV-Nutzermedium KolibriCard Schwäbisch Hall nach VDV-KA-Standard.

In einer ersten Phase wurde die Zusammenarbeit mit dem Partner Stadtwerke Schwäbisch Hall realisiert. Auf der Grundlage der gleichen Chiptechnologie wird zunächst folgende Nutzungsmöglichkeit angeboten: Parken in allen öffentlichen Parkhäusern und auf allen öffentlichen Parkplätzen in Schwäbisch Hall.

Der KreisVerkehr hat die KA-Karten zusätzlich mit der Mifare-Emulation ausgestattet und diese mit der Stadtwerke-spezifischen Programmstruktur beschreiben lassen. Aus Kundensicht bedeutet dies, dass das ÖPNV-Nutzermedium auch beim Parkvorgang auf Parkplätzen der Stadtwerke Schwäbisch Hall in gewohnter Weise genutzt werden kann.

Abrechnungstechnisch gesehen finden die Transaktionen in getrennten Speicherbereichen bzw. Applikationen statt. Es gibt daher nach wie vor zwei verschiedene Systeme, die aus Datenschutzgründen konsequent getrennt sind: das Stadtwerke-Parksystem und das KreisVerkehr-ÖPNV-System. Es wurden zwei getrennte Verträge abgeschlossen. Beide Einrichtungen rechnen die Leistungen gegenüber dem Kunden getrennt ab. Im Datenaustausch existiert lediglich eine eindeutige Nutzeridentifikation (ID), die auch auf den Karten aufgedruckt ist. Diese eindeutige ID bildet die gemeinsame Basis der Abrechnung beim KVSH und den Stadtwerken Schwäbisch Hall. Das System der Stadtwerke musste entsprechend erweitert werden, damit diese ID im System zusätzlich hinterlegbar ist.

Der Kunde kann nun wählen, ob er eine neue Karte mit beiden Möglichkeiten – ÖPNV und Parken – möchte oder ob er auf einer bereits vorhandenen KolibriCard das Parken frei geschaltet haben möchte. Bei den Stadtwerken wird die ID in eine Whitelist aufgenommen, damit ist die Parkfunktion freigeschaltet. Die Stadtwerke können die ID bei Bedarf sperren, die Funktionalität der KolibriCard bleibt davon unberührt.

In den Kundencentern musste eine beidseitige sichere Verbindung (VPN-Tunnel) eingerichtet werden, damit die notwendige Personalisierung gegenseitig erfolgen kann. Aus dem erfassten Kartenkontingent der KolibriCard, das bei den Stadtwerken vorgehalten wird, erfolgt dort die Personalisierung der Karte. Das in den Kundencentern installierte

Gerät hat eine Direktverbindung zum KreisVerkehr-Server und umgekehrt. Grund für die aufwändige Anbindung ist u. a. das komplexe Sicherheitssystem des ÖPNV-Standards.

Die Zuordnung der beiden Funktionen zu getrennten Speicherbereichen bzw. Applikationen ermöglicht eine sehr einfache und sichere Umsetzung von Aspekten wie der Abrechnungszuscheidung und des Datenschutzes.

Das Projekt ist so ausgelegt, dass auch weitere Stadtwerke oder andere Partner, die Karten einsetzen, welche auf dem gleichen technischen Standard basieren, einbezogen werden können. Auf dieser Grundlage sollen künftig weitere Nutzungsmöglichkeiten angeboten werden, etwa die Nutzung von Freizeiteinrichtungen wie Schwimmbädern und kulturellen Einrichtungen.

2.9   Citycard – Einbeziehung des Einzelhandels

In Zusammenarbeit mit der Fachhochschule Heilbronn wurde eine Untersuchung durchgeführt, die erheben sollte, welche Voraussetzungen erfüllt sein müssen, damit über eine bereits im Markt vertretene Karte – also z. B. über die Mobilitätskarte – eine neue Einzelhandels-Kundenkarte (Citycard) akzeptiert wird. Gleichzeitig wurde geprüft, wie mit einer kombinierten Mobilitäts- und Kundenkarte die Attraktivität des ÖPNV – insbesondere auch für Gelegenheitskunden – weiter gesteigert werden kann.

Um die Erfolgsaussichten einer solchen Citycard besser abschätzen zu können, wurden zunächst die Einzelhändler in Schwäbisch Hall um ihre Meinung gebeten. Aus diesem Grund ließen der KreisVerkehr Schwäbisch Hall, die Stadtwerke Schwäbisch Hall sowie die Interessensgemeinschaft des Haller Einzelhandels „Schwäbisch Hall aktiv e. V." im Juni 2013 eine persönliche Befragung des Schwäbisch Haller Einzelhandels auf Basis eines standardisierten Fragebogens durchführen. Um ein möglichst objektives Bild zu erhalten, wurden sowohl Mitglieder als auch Nichtmitglieder von Schwäbisch Hall aktiv e. V. befragt. Der verwendete, größtenteils standardisierte Fragebogen entstand in enger Abstimmung zwischen den beteiligten Projektpartnern.

Im Anschluss an die Händlerbefragung wurde im Juli 2013 eine Befragung der potenziellen Citycard-Kunden („Kundenbefragung") in der Schwäbisch Haller Altstadt durchgeführt. Auch dieser Befragung lag ein zwischen den Projektpartnern abgestimmter, standardisierter Fragebogen zugrunde. Zusätzlich erfolgte eine externe wissenschaftliche Qualitätssicherung. Um ein möglichst objektives Bild zu erhalten, wurden Passanten an drei Tagen innerhalb einer Woche an verschiedenen Orten, insbesondere an Parkhäusern und an den Haltestellen des ÖPNV, vor- und nachmittags persönlich angesprochen und gebeten, den Fragebogen auszufüllen. Die Teilnahme an der Befragung war freiwillig. Eine anonyme und externe Auswertung sollte die Bereitschaft zur Teilnahme erhöhen. Insgesamt füllten an den drei Befragungstagen 336 Personen den Fragebogen aus.

Zusammenfassend ergab sich, dass die bevorzugten Formen einer Bonusgewährung bei Nutzung der Citycard die Mobilitätsangebote betrafen: Sowohl ÖPNV-Rabatte als auch eine Parkgebührenrückvergütung werden von Händlern wie Kunden gleichermaßen

Abb. 9 TeilAuto – Carsharing in Schwäbisch Hall

für gut bis akzeptabel bzw. für eher wichtig gehalten. In der Folge dieses Ergebnisses werden Stadtwerke und KreisVerkehr Schwäbisch Hall nun im Laufe des Jahres 2014 dem Wunsch der Händler und Kunden entsprechen und passende Erstattungsmöglichkeiten vorbereiten und einführen.

Als weitere Nutzungsmöglichkeit wurde beim KreisVerkehr bereits die Zeiterfassung der Mitarbeiter ebenfalls auf die Kolibri-/Mobilitätskarte umgestellt.

2.10 KolibriCard als Zugang zum Carsharing

Seit 1997 gibt es in Schwäbisch Hall den Verein teilAuto, der CarSharing mit derzeit sechs Fahrzeugen (siehe Abb. 9) anbietet. Zusammen mit Bus und Bahn bietet teilAuto eine komfortable und preisgünstige Möglichkeit der Mobilität.

Schon seit einigen Jahren arbeitet der KreisVerkehr Schwäbisch Hall mit diesem Verein sehr eng zusammen. Der KreisVerkehr ist nicht nur selbst Mitglied bei teilAuto, die KreisVerkehr Schwäbisch Hall (KVSH)-Kunden können sich auch im Kundencenter beraten lassen und dort teilAuto-Teilnahmeverträge abschließen.

Personen, die Carsharing nutzen, erhalten vom KVSH ein sogenanntes RegioFirmen-Abo mit einem Rabatt von 10 %. Umgekehrt bietet teilAuto Neukunden an, vier Wochen zu „schnuppern" und hierfür lediglich den Nutzungspreis und eine ermäßigte Kaution von 200 € zu zahlen.

Abb. 10 Geltungsbereich der KolibriCard

Da teilAuto Schwäbisch Hall die neu zu beschaffenden Fahrzeuge mit Bordcomputern ausrüstet, wurden Ende 2013 erste Gespräche geführt, für die Freischaltung bzw. die Öffnung der Tresore auch die KolibriCard als Zugangsmedium zu integrieren. Aus Kundensicht besonders praktisch wäre in diesem Fall, dass die KolibriCard auch beim Parkvorgang auf Parkplätzen der Stadtwerke Schwäbisch Hall in gewohnter Weise genutzt werden kann.

Seit Januar 2014 ist auch dieses Projekt umgesetzt und die KolibriCard kann nun als „Autoschlüssel" für das teilAuto genutzt werden.

2.11 Erweiterung des Geltungsbereichs

Nach der erfolgreichen Einführung des E-Ticketings im Verbundgebiet des KreisVerkehrs Schwäbisch Hall und im Hohenlohekreis (Teilbereich des Heilbronner Verbundes) lag es nahe, die anliegenden Verbundgebiete mit einzubeziehen. Ebenso stand die Vervollständigung der E-Ticket-Produkte (Umstellung der Zeitkarten auf das E-Ticket) an.

Zusammen mit der Heilbronner Hohenloher Haller Nahverkehrs GmbH (HNV) wurde beim Bund ein Antrag auf Förderung gestellt. Ziel war es, ein flächendeckendes E-Ticketing auf der Basis der VDV-KA für Gelegenheitskunden und Abonnenten einzuführen, Abb. 10.

Aufgrund der Fläche und der Einwohnerzahl, der vorhandenen unterschiedlichen technischen Systeme und der unterschiedlichen Anforderungen im ÖPNV ergaben sich in diesem Projekt gehobene Anforderungen, um die Interoperabilität von benachbarten Verbünden mit unterschiedlichen Zahlverfahren unter Einsatz des gleichen Nutzermediums zu erreichen.

Die beiden Verbünde sind soziogeografisch (d. h. hinsichtlich der Kunden- und Verkehrsströme), verbundlich und technisch im Kontext zu sehen: Sie bilden eine Verkehrsachse im nordöstlichen Bereich von Baden-Württemberg. Diese Verkehrsachse wird neben den regionalen Verbünden und Verkehrsunternehmen überregional durch die verbundüberschreitenden Verkehre von DB und Regional Bus Stuttgart bedient.

Bei der Umsetzung des Erweiterungsprojekts waren eine Vielzahl von grundsätzlichen und allgemeingültigen ÖPNV- und E-Ticketing-Aspekten im genannten Verkehrsgebiet zu betrachten:

- Unterschiedliche Verbundstrukturen (Umsetzung des KA-Rollenmodells)
- Integration unterschiedlicher Verbundsysteme
- E-Ticket für Regelfahrer und Gelegenheitsfahrer
- Bargeldlose Zahlverfahren (PrePaid, Autoload, LSV)
- E-Ticket in ländlichen, klein- und großstädtischen ÖPNV-Räumen
- Technische Integration (Umsetzung der KA-Schnittstellen)
- Umsetzung in mittelständischen Unternehmensstrukturen
- Integration von DB und deren Töchtern (Regionalbusgesellschaften) sowie Veolia
- Umsetzung des HNV-Erstreckungstarifes in Richtung VRN und anderer Verbundgebiete

Insgesamt wurde somit eine praxisorientierte Lösung in einem überschaubaren und zusammenhängenden Verkehrsgebiet angestrebt, welche die verschiedensten ÖPNV- bzw. E-Ticketing-Aspekte auf der Basis von bereits realisierten KA-Projekten umsetzen und diese dann logisch fortführen sollte. Durch die konsequente Anwendung des KA-Standards entstand so ein „ÖPNV-Mikrokosmos mit E-Ticket", der hilfreich sein wird bei der Einführung des bundesweiten, standardisierten E-Tickets.

Aufgrund der fast 80 beteiligten Partner (Verkehrsunternehmen, Hard- und Softwarehersteller, Gebietskörperschaften, Lieferanten und viele mehr), die gemeinsam und mit gleicher Intention am Projekt arbeiteten, gestaltete sich die Umsetzung des Projekts nicht einfach. Es wurde im Mai 2013 aber schließlich erfolgreich abgeschlossen (siehe hierzu den Beitrag von Herrn Hoffmann). Seitdem können die Kunden des KreisVerkehrs und des HNV noch einfacher die „Tarifgrenzen" überwinden. In fast 700 Fahrzeugen mit unterschiedlichen Verkaufsgeräten unterschiedlicher Hersteller sowie an 170 Bahnhofsterminals kann sowohl die KolibriCard als auch das E-Ticket des HNV genutzt werden.

Abb. 11 RegioAbo Crailsheim

2.12 e)))Abo

In weiteren Schritten sollen nun auch alle Zeitkarten im KreisVerkehr und im HNV auf das e)))Abo umgestellt werden. Als Vorreiter wurde im Bereich des KreisVerkehrs daher bereits 2012 alle 2000 Kunden des Stadtverkehrs in Crailsheim auf das e)))Abo reibungslos umgestellt (siehe Abb. 11). Die e)))Abos haben eine Gültigkeit von 5 Jahren und daher entfällt der jährliche Austausch. Die Fahrausweiskontrolle wird bei Einstieg sowie durch Prüfer mit Prüfhandys durchgeführt. Da die e)))Abos schnell zu sperren sind und ein täglicher Abgleich mit den Sperrlisten erfolgt, ist ein großer Beitrag zur Fahrgeldsicherung umgesetzt worden. Bisher erhielt ein Abo-Kunde eine Abo-Karte für ein Jahr. Wenn der Bankeinzug für diese Karte fehlgeschlagen war, konnte der Aufwand bei der Beitreibung ausstehender Fahrgeldeinnahmen somit minimiert werden.

2.13 Fazit

Die KreisVerkehr Schwäbisch Hall GmbH und alle Verkehrsunternehmen im Verkehrsverbund sind sich sicher, mit dem E-Ticket den richtigen Weg eingeschlagen zu haben. Innovationskraft und Weitblick – Markenzeichen der Region – wurden wieder einmal unter Beweis gestellt. Auch technisch, mit der bundesweit erstmaligen Umsetzung der VDV-KA-Stufe 3a, und im Vertriebsbereich wurden mit der KolibriCard neue Maßstäbe gesetzt und eine Lösung realisiert, die für die Zukunft viele Möglichkeiten eröffnet. Der nächste Schritt wird beispielsweise die Einführung eines elektronischen Tarifs sein, der z. B. eine Preisstaffelung nach Haupt- und Schwachlastzeiten oder auch besondere Angebote („Heute alle Fahrten zwischen 10 und 14 Uhr für 99 Cent") ermöglicht.

Auch der Nachweis der Interoperabilität wurde bereits erbracht, da das E-Ticket im Bereich des Nahverkehr Hohenlohekreis und im Heilbronner-Hohenloher-Haller Nahverkehr inzwischen ebenfalls gestartet wurde. Trotz der unterschiedlichen Hardwarekomponenten verschiedener Hersteller können über die durch die KA definierten Schnittstellen wechselseitig Daten ausgetauscht und gelesen werden. Von Seiten des KreisVerkehrs Schwäbisch Hall hoffen wir, dass sich bald viele weitere Verbünde und Verkehrsunternehmen für den Weg zum eTicket Deutschland entscheiden.

Damit wird der ÖPNV für neue Kunden noch attraktiver – der deutsche „Tarifdschungel" ist dann zwar immer noch nicht abgeschafft – aber es muss ihn niemand mehr verstehen.

Ziel aller hier beschriebenen Projekte war und ist es, neue Kundenpotentiale zu erschließen. Der Kunde soll mit seiner Karte künftig bewusst seine Entscheidung treffen, welches Verkehrsmittel er nutzen möchte – er hat den Autoschlüssel mit der Parkkarte und den Schlüssel für den ÖPNV oder auch für das Carsharing jederzeit zur Hand.

3　Die Einführung eines E-Tickets und die Umsetzung der Interoperabilität im Öffentlichen Personenverkehr (ÖPV)

Herausforderungen eines komplexen Projektes mit vielen Beteiligten

Andreas Hoffmann

▶　　Die Einführung des interoperablen E-Tickets im Raum Schwäbisch Hall/Heilbronn war ein Großprojekt mit vielen Beteiligten: Insgesamt 78 Partner waren im Zeitraum von 2010 bis 2013 involviert, woraus sich komplexe Kommunikationsbeziehungen ergaben. Zu den organisatorisch-technischen Aspekten kamen psychologische Faktoren sowie abweichende Interessenlagen hinzu, wodurch die Komplexität im Verlauf des Projektes weiter zunahm. Die hieraus resultierenden Lernprozesse werden aus der Sicht des Gesamtprojektleiters dargestellt und Empfehlungen für die Steuerung vergleichbar komplexer Projekte formuliert.

3.1　Beschreibung der Ausgangssituation und Problematisierung

Am Anfang war alles ganz einfach: eine klare Aufgabenstellung, begeisterte Mitwirkende, eine positive Finanzierung, ein spannendes Ziel vor Augen. Das war die Ausgangssituation im Jahr 2006, als erstmals ein elektronisches Ticketsystem auf der Basis der VDV-Kernapplikation (KA) in einem deutschen Verkehrsverbund eingeführt wurde. Realisiert wurde ein bargeldloses Check-in/Check-out-Verfahren (CiCo) nach KA-Stufe 3a für Fahrgäste in Bussen und Bahnen im Landkreis Schwäbisch Hall. Die Abrechnung der Fahrleistungen erfolgt, ähnlich der monatlichen Telefonrechnung, am Ende des Monats. Für alle Beteiligten – die Fahrgäste, das Fahr- und Prüfpersonal, die Verkehrsunternehmen – wurde mit dem E-Ticket im Vergleich zum Verkauf eines Einzelfahrscheines vieles einfacher – der Weg dorthin war jedoch recht beschwerlich.

3.1.1 Von Teilprojekten zum Gesamtprojekt

Der Verbund in Schwäbisch Hall hatte 2006 drei Industriepartner mit klar abgegrenzten Arbeitsbereichen ausgewählt, die auf der Basis der KA-Schnittstellenspezifikation das System (Hard- und Software) entwickelten und in über 200 Bussen und an 20 Bahnhöfen installierten. Die Zeitpläne konnten eingehalten werden, ebenso wurden alle wesentlichen Projektziele erfolgreich umgesetzt.

Im Jahr 2007 kam ein Teilgebiet des Nachbarverbundes Hohenlohekreis mit mehr als 130 Bussen hinzu, welcher ein E-Ticket auf der gleichen technischen Basis wie der vorgenannte Verbund einführte. Beide Verbünde hatten den Anspruch, dass die Fahrgäste ihr persönliches E-Ticket verbundübergreifend, ohne Hindernisse in beiden Verkehrsräumen, sowohl in Bussen als auch Bahnen nutzen konnten. Auch im Hohenlohekreis gab es drei mit der Realisierung beauftragte Industriepartner, von denen allerdings nur einer auch in Schwäbisch Hall tätig war.

Ein weiterer, dritter Verkehrsraum (Ostalbkreis; mehr als 300 Busse) schloss sich 2009 dem einheitlichen E-Ticketing der beiden anderen Verkehrsräume an – basierend auf demselben Nutzermedium, aber mit einer anderen Funktionalität (kein CiCo-System, sondern Verkauf von Einzelfahrscheinen über eine PrePaid-Karte). Die Industriepartner blieben zwar die gleichen, aber aufgrund der heterogenen und dezentralen Struktur des Ostalbkreises ergab sich hier eine andere, wesentlich komplexere Herausforderung in der Projektrealisierung.

Ab 2010 wurde schließlich auch das gesamte Verbundgebiet des Heilbronner Verkehrsverbundes (HNV; über 300 Busse, 60 Bahnhöfe) einbezogen. Hier bekamen sechs Industriepartner den Zuschlag für die Realisierung, von denen zwei bereits in den anderen Verkehrsräumen Erfahrung mit dem E-Ticket gesammelt hatten.

3.2 Interoperabilität als zentrales Projektziel

Im Mittelpunkt des Gesamtprojektes stand die Umsetzung der sogenannten „Interoperabilität" eines einheitlichen E-Tickets: Dies bedeutet, dass ein E-Ticket nicht nur Gültigkeit in dem Verbundraum besitzt, für den es ausgestellt wurde, sondern auch in anderen Verkehrsräumen mit anderen Tarifen und Regeln sowie im verbundüberschreitenden Verkehr, für den wiederum andere Tarife und Regeln gelten, „barrierefrei" genutzt werden kann. Damit die Tickets auch im Schienenregionalverkehr gelten konnten, war zusätzlich der bahnspezifische Tarif inklusive des bei der DB gültigen Regelwerks und der Prüfbedingungen zu berücksichtigen.

Die Forderung der Interoperabilität und die zahlreichen Projektbeteiligten – darunter eine Vielzahl von Industriepartnern, die eigentlich Wettbewerber sind, aber in diesem Projekt kooperieren mussten – hob das Vorhaben auf eine neue Komplexitätsstufe. Es lässt sich erahnen, dass damit gewaltige Herausforderungen für alle Beteiligten verbunden waren, die weit über das Ausmaß der 2006 und 2007 in den Teilprojekten geleisteten Arbeit hinausging. Welcher Art diese Herausforderungen waren, soll im Folgenden näher erläutert werden, zudem sollen Wege aufgezeigt werden, wie diese künftig zu meistern sind.

Interessant ist an dieser Stelle, dass sich zum Thema EDV-Projektarbeit sehr umfangreiche Literatur und zahlreiche Seminarangebote finden, solange es sich um einen Auftraggeber mit seinen proprietären Zielen und nur wenigen, meist durch eindeutig definierte Arbeitsgebiete abgegrenzte Industriepartner handelt. Sucht man hingegen wissenschaftliche Unterstützung oder Erfahrungsberichte zu EDV-Projekten mit mehreren Auftraggebern (mit unterschiedlichen Interessenlagen) und mehreren (im Wettbewerb stehenden) Industriepartnern, findet man lediglich in Exkursen den einen oder anderen Hinweis bzw. Bericht.

Insofern wurde bei diesem Projekt, der Umsetzung eines einheitlichen, interoperablen E-Tickets für den ÖPV, nicht nur hinsichtlich des Projektziels, sondern auch bei der Projektarbeit Neuland betreten – und dementsprechend auch viel Lehrgeld bezahlt. Diese Erfahrungen sollen an dieser Stelle aufgearbeitet und weitergegeben werden, in der Hoffnung, dass andere Verkehrsverbünde, die den gleichen Ansatz verfolgen, vielleicht den einen oder anderen Hinweis dieses Beitrages aufnehmen und auf diese Weise Hindernisse frühzeitig erkennen und umgehen können.

3.3 Die Projektvorgaben

Eingereicht wurde das mit öffentlichen Mitteln teilgeförderte Projekt beim Bundesministerium für Verkehr, Bau und Stadtentwicklung sowie beim Land Baden-Württemberg mit folgendem Titel:

Interoperables E-Ticketing in und zwischen den Verbundgebieten

- Heilbronner Verkehrsverbund (HNV einschließlich Hohenlohekreis NVH)
  KreisVerkehr Schwäbisch Hall (KVSH)
- Ostalbkreis (OAK)

realisiert auf der Basis der VDV-Kernapplikation unter Berücksichtigung

- unterschiedlicher Tarifstrukturen
- mit unterschiedlichen Zahlformen für Gelegenheitsfahrer
- unter Verwendung eines KA-konformen Nutzermediums.

Im Mittelpunkt standen also die Gelegenheitsfahrer, die den ÖPV nicht regelmäßig nutzen und bisher in einem aufwendigen Ausgabe- und Abrechnungsverfahren an Automaten oder beim Fahrpersonal einen Einzelfahrschein erwerben mussten. Die Projektvorgabe beinhaltet auch die Umsetzung eines E-Tickets für Regelfahrer (Abonnements). Dieser Beitrag beschränkt sich jedoch im Interesse der Übersichtlichkeit auf die Gelegenheitsfahrer. Zur Anwendung kommt der Standard des Verbandes der Öffentlichen Verkehrsunternehmen (VDV) zur Umsetzung eines E-Tickets für den öffentlichen Personenverkehr, die sogenannte VDV-Kernapplikation (siehe hierzu www.vdv-ka.de).

Aus technischen Gründen wird im Regelfall die verbundübergreifende Fahrkartenausgabe nicht unterstützt, sodass der Gelegenheitsfahrer zwei Fahrausweise je Richtung gegen Barzahlung erwerben muss. Um das für alle Beteiligten komplexe Verfahren zu vereinfachen, wurde in den Zuständigkeitsbereichen des HNV, NVH und KVSH entschieden, ein bargeldloses, rabattiertes CiCo-Verfahren einzuführen. Die Bezahlung und Abrechnung erfolgt je Verbund über ein Hintergrundsystem im bargeldlosen Lastschriftverfahren.

Beim OAK war im Unterschied zu den anderen beiden Verbünden beabsichtigt, eine Prepaidkarte zur Ausgabe eines rabattierten Einzelfahrscheines einzuführen, die beim Busfahrer über Bargeld aufgeladen werden kann. Diese sollte dann auch als E-Ticket in den CiCo-Verkehrsräumen interoperabel nutzbar sein. Der OAK hat sich auf Grund der Komplexität des Projektes im Jahr 2011 entschieden, aus dem Gesamtprojekt auszusteigen. Im Folgenden ist der OAK daher nicht mehr berücksichtigt.

Jeder Verkehrsraum hat seine eigene tarifliche Systematik, was immer dann in der Öffentlichkeit auf berechtigte Kritik stößt, wenn die Grenzen eines Verkehrsraumes überschritten werden. In diesem Moment wird es für den Fahrgast schwierig, sodass er im Zweifelsfall auf die Nutzung des ÖPV verzichtet (was durch wissenschaftliche Studien belegt ist). Insofern besteht – neben wirtschaftlichen und ökologischen Interessen – auch auf der Fahrgast- und der politischen Ebene der Wunsch, diese räumlichen Grenzen, in welcher Form auch immer, für den Fahrgast einfach überwindbar zu machen. Es war und ist der Anspruch dieses Projektes, diese berechtigte Forderung im Sinne des Fahrgastes einzulösen.

Diesen Anspruch erfüllt die gewählte Chipkartenlösung: Zum Einsatz kam eine NFC-taugliche, genormte Chipkarte, versehen mit der VDV-Kernapplikation und den entsprechenden Berechtigungen. NFC steht für „Near Field Communication", einem internationalen Standard für die kontaktlose Datenübertragung über geringe Entfernungen (einige Zentimeter). Diese Chipkarte wird in den einzelnen Verbünden ausgegeben und ist kompatibel zu allen NFC-Lesern in den verschiedenen Verbundräumen mit unterschiedlichen Industriepartnern. Diese konsequente Umsetzung eines einheitlich standardisierten Mediums durch viele Systemlieferanten erfolgte in diesem Projekt bundesweit erstmalig.

3.4   Die Projektbeteiligten

Im Unterschied zum Projektstart hat sich die Anzahl der beteiligten Einrichtungen bzw. Personen deutlich erhöht. Waren es bei der Herstellung der Interoperabilität bei Projektbeginn 2006/2007 noch 14 Einrichtungen, die ihre jeweiligen Arbeiten abstimmen und umsetzen mussten, so wuchs deren Zahl bis heute auf fast 80 an.

Nr.	Beschreibung		Anzahl	Aufgabe
1	Verbundebene		9	Geschäftsführung, Auftraggeber. Diese Ebene stellt das Bindeglied zu anderen Gremien, zur politischen bzw. Fahrgastebene her.
2	Projektleiter (inkl. Gesamtprojektleiter)		4	Projektumsetzung. Bindeglied zwischen allen anderen Beteiligten
3	Industriepartner Busterminals	HNV	4	Insgesamt kommen hier, auf Grund von Überschneidungen, Systeme von vier verschiedenen Industriepartnern zum Einsatz.
		NVH	1	
		KVSH	1	
4	Industriepartner Bahnhofterminals		1	
5	Industriepartner Prüfgeräte		1	
6	Lieferant Chipkarten		1	Liefert an die vier Verbünde die Medien in der jeweils benötigten Konfiguration.
7	Lieferant Sicherheitsmodule		1	Liefert an die vier Verbünde die sog. SAMs (Secure Application Modules) in der jeweils benötigten Konfiguration.
8	Hintergrundsysteme	HNV	1	Anmerkung: Insgesamt kommen hier drei verschiedene Systeme von Industriepartnern zum Einsatz.
		NVH	1	
		KVSH	1	
9	Systemlieferanten Datentransport	HNV	3	Mischsysteme: je nach Einsatzgebiet und Feldstärkequalität. Umgesetzt wird UMTS, GPRS, WLAN sowie VPN-Tunnels.
		NVH	2	
		KVSH	2	
10	Systemlieferant Datendrehscheibe		1	VIP BW
11	Systemlieferant zentrale Sperrliste		1	KOSE
12	Beratung		3	VDV, freie Berater
12	Bundesebene		2	Inkl. Projektüberwachung
14	Landesebene		1	Inkl. Datendrehscheibe
15	Datenschutz		1	Land BW
16	Verbund: IT-Netzwerk (Hard-/Software)	HNV	4	
		NVH	1	
		KVSH	1	
17	Provider Internet	HNV	1	
		NVH	1	
		KVSH	1	
18	Marketing	HNV	1	
		NVH	0	Über HNV
		KVSH	1	
19	Verkehrsunternehmen	HNV	11	Alle Aktivitäten müssen mit den umsetzenden Unternehmen abgestimmt werden. Alle Mitarbeiter (Busfahrer) dieser Unternehmen müssen geschult werden.
		NVH	6	
		KVSH	8	
	Beteiligte Einrichtungen insgesamt		78	Tatsächlich ist die Zahl höher aufgrund von Zu- und Abgängen während des Projektes sowie nicht genannter Organisationen.

Abb. 12 Anzahl der Projektbeteiligten mit Aufgabenstellungen

3.5 Übersicht über die Beteiligten und deren Kommunikationsbeziehungen

Abbildung 12 beschreibt – ohne Anspruch auf Vollständigkeit – die Einrichtungen, die Anzahl der Beteiligten sowie in Kürze deren jeweilige Tätigkeitsfelder.

Abbildung 13 gibt eine grobe Übersicht, wer mit wem im laufenden Projekt kommunizieren musste.

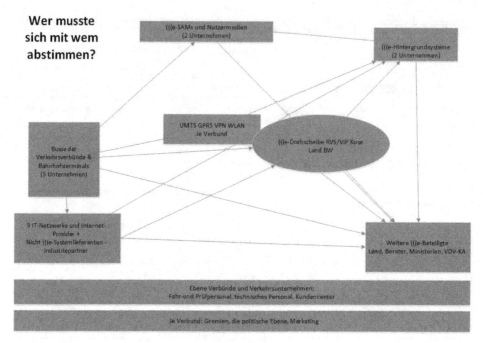

Abb. 13 Notwendige Kommunikationskanäle

„Kommunikation" bedeutet in diesem Zusammenhang die zwingende Notwendigkeit einer technischen Abstimmung bzw. Durchführung von Testläufen zur Sicherstellung des Systemeinsatzes im Wirkbetrieb. Die Grafik zeigt, dass zwar nicht jeder mit jedem kommunizieren musste, schlussendlich aber trotzdem über 100 mehr oder weniger aufwendige Teilklärungen erforderlich waren, um das Projekt im Ganzen zum Erfolg zu führen. Dieser Aufwand entstand im Besonderen bei den proprietären Schnittstellen (Datenübertragung, Abrechnung), aber auch durch eine z. T. unterschiedliche Interpretation der standardisierten E-Ticket-Schnittstellen.

3.6 Moderation des Projektnetzwerks

Welche Folgen hat nun die Herstellung der technischen Interoperabilität – durch die ein komplexes IT-Netzwerk entsteht – in Projekten mit vielen Projektbeteiligten?

Die Kommunikation aller Beteiligten bedarf einer wesentlich umfangreicheren Organisation und Strukturierung als in Projekten mit wenig Beteiligten und proprietären Zielen. Kommunikation darf an dieser Stelle erst recht nicht mehr „zufällig" sein, sondern bedarf mehrerer, vorausschauender und erfahrener Projektmoderatoren. Diese haben die Aufgabe, das parallel zum IT-Netzwerk mit vielen wechselseitigen Beziehungen entstehende, komplexe Kommunikationsnetzwerk aller Beteiligten aufzubauen und zu steuern.

Da viele Industriepartner vergleichbare Aufgaben zu realisieren haben, besteht hier im Falle der Kooperationsbereitschaft die Möglichkeit, hohe Synergieeffekte zu realisieren. Wird dieser Weg gegangen, entsteht für die kooperierenden Unternehmen ein Ausgleich zu dem Mehraufwand, den solche komplexen Projekte stets mit sich bringen. Dies setzt jedoch bereits in der Ausschreibungsphase eine Kooperation aller Auftragnehmer voraus. Aufgrund fehlender Erfahrung wurde diese Voraussetzung im beschriebenen Projekt nicht erfüllt, wodurch es später zu nicht unerheblichen zeitlichen Verzögerungen, Missverständnissen bzw. finanziellen Engpässen kam.

3.7   Projektinteressen und Kooperationspotenziale

Worin besteht nun das Projektinteresse der einzelnen Projektbeteiligten? Unter anderem sind die folgenden Aspekte zu nennen:

- Bei den Industriepartnern versucht jeder ein möglichst wirtschaftliches Ergebnis mit vorzugsweise hohem Projekterfolg zu realisieren. Üblicherweise arbeitet jeder für sich selbst, es existieren im Regelfall zunächst Kooperationsmauern. Es bestehen unterschiedliche Vorerfahrungen (aber auch Sensibilitäten), die verschiedene Wege der Projektrealisierung hervorbringen und Reibung erzeugen.
- Die Verbünde als Auftraggeber haben sich zwar auf ein gemeinsames Ziel verständigt. Da aber jeder Verbund unterschiedliche organisatorische und technische Strukturen hat, entstehen ebenfalls Reibungspunkte in der Realisierung.
- Auf der Beraterebene existiert der Widerspruch zwischen strikter, theoretischer Orientierung am Standard und pragmatischer Vorgehensweise in der Praxis. Auch dieser Spannungsbogen erzeugt Reibung.

Diese wenigen Beispiele zeigen bereits, dass die jeweiligen Projektinteressen einer Reihe von spezifischen Faktoren unterliegen, die nicht unbedingt am Gesamterfolg des Projektes ausgerichtet sind. In der Summe erzeugen die egoistischen (wenn auch nachvollziehbaren) Interessen allerdings ein spannungsreiches Klima, welches den Projektablauf enorm verzögern kann. Bezüglich der gesamten Projektmotivation existiert hier ein „Energiekiller". So war des Öfteren zu beobachten, dass die Motivation bei bestimmten Beteiligten infolge der zögerlichen Realisierungsbereitschaft anderer Beteiligter deutlich abnahm, sodass schließlich auch die motivierten Firmen in weniger kooperative Verhaltensmuster zurückfielen.

   So führten die vielen unterschiedlichen Projektinteressen schließlich zu einer diffusen Gesamtsituation, die hohe Anforderungen an die Projektmoderatoren stellte. Insbesondere in gemeinsamen Besprechungen mit allen Projektbeteiligten hatten diese darauf zu achten, dass im Idealfall alle Argumente genügend Raum bekamen, diese zum Wohle des Projektzieles entschieden wurden und mittelfristig ein Ausgleich der unterschiedlichen Interessen stattfand.

Auffällig in diesem Projekt war zudem die Diskrepanz zwischen innerem und äußerem Projektverhalten. In gemeinsamen technischen Besprechungen schien alles klar zu sein – in der praktischen Umsetzung stellte sich dann oft heraus, dass dies nicht der Fall war. In diesen Fällen wurden sehr gute Erfahrungen mit Integrationstests („Plugin-Parties") gemacht, die eine praktische Zwischenstufe vor dem Wirkbetrieb unter Einbezug aller Systemlieferanten darstellten.

Weiterhin fiel auf, dass die Bereitschaft der Beteiligten, sich notwendigerweise auf eine andere Arbeitsmethodik einzulassen, sehr unterschiedlich ausgeprägt war. Das Spektrum reichte von einer eher konservativen Grundeinstellung („das haben wir immer so gemacht") bis hin zu der Bereitschaft, neue Wege zu gehen, auch wenn diese zunächst einmal unsicher erschienen und auch gewisse finanzielle Risiken in sich bargen.

3.8   Realisierungszeiträume und finanzielle Faktoren

Eine einfache Grundregel des Projektmanagements besagt: Je komplexer ein Projekt ist und je mehr Beteiligte es gibt, umso länger dauert es; und umso mehr werden Zeitpläne nicht eingehalten – gerne mit Verweis auf andere; und umso teurer wird das Ganze am Ende. Diese Aspekte waren auch im gesamten Ablauf des hier dargestellten Projektes sehr präsent.

Eine wesentliche Herausforderung bei komplexen Projekten dieser Art ist auch die Synchronisation der Teilprojektpläne aller Industriepartner – sowohl untereinander als auch in Abstimmung mit den Auftraggebern (Verbünden), die ebenfalls bestimmten Realisierungsrhythmen unterliegen.

So kam es im hier beschriebenen Projekt beispielsweise mehrfach vor, dass Korrekturen auf der Ebene der Erzeugung einer Verkaufstransaktion zwar erfolgreich waren, aber beim nachfolgenden, separaten Test anderer Industriepartner plötzlich zu Problemen in deren System geführt haben. Da die ursprüngliche Firma die Fehlerbehebung jedoch nicht kommunizierte bzw. diese nicht in den Folgesystemen ankam, entstand an dieser Stelle erneut eine aufwendige Fehlersuche.

Durch die langen Realisierungszeiträume entstanden weitere Verzögerungen durch das „Warten auf Zuarbeit der anderen" bzw. aus eigenen Verpflichtungen, die aus anderen Aufträgen im eigenen Haus resultierten. Diese Probleme und Hemmnisse haben dem hier beschriebenen Projekt sehr geschadet: Mehr als zwei Jahre Projektverzögerung, die auch finanzielle Nachforderungen, öffentlichen Ärger und Demotivation einiger Projektpartner zur Folge hatten, gehörten zum unschönen Teil der Projektbilanz.

3.9   Menschliche Faktoren

Auf Grund der hohen Zahl der Beteiligten war ein Aufeinandertreffen unterschiedlichster Charaktere unvermeidlich – auch dieser Umstand hat den Projektverlauf erkennbar beeinflusst. So gab es den eher problem- als lösungsorientierten Typ, den stark durchstrukturierten Menschen mit wenig kreativen Spielräumen, rein auf kommerzielle Aspekte ausgerichtete Personen bzw. Firmen sowie karriereorientierte Charaktere, denen das Projektziel eher Mittel zum eigenen Zweck war.

Es gab aber auch Menschen bzw. Firmen, die in Aufbruchstimmung von der Notwendigkeit und dem Erfolg des Projektes überzeugt waren und so Berge versetzt haben. Dieser enorm wichtige Faktor und Erfolgsgarant soll hier abschließend nicht unerwähnt bleiben.

3.10 Lösungsansätze

Im Folgenden sollen einige Lösungsansätze für die genannten Problemfelder aufgezeigt werden:

1. Eine Möglichkeit wäre die deutliche Reduktion der Industriepartner, welche aber in der Praxis auf Grund von Abhängigkeiten und Interessenlagen einzelner Auftraggeber nur teilweise zu realisieren ist.
2. Ein Plädoyer für die Verdichtung der Projektlaufzeiten durch die ausschließliche Konzentration und Verpflichtung auf dieses eine Thema für alle Projektbeteiligten könnte eine mögliche Antwort sein. Bei der Verkürzung spielen Integrationstests eine wesentliche Rolle, die möglichst häufig im Projektgesamtplan angesetzt werden sollten, um Teilziele auf den einzelnen Ebenen zu beschreiben und diese abzunehmen. Im Gegensatz hierzu waren theoretische Spezifikationsdiskussionen in der finalen praktischen Auswirkung selten erfolgreich.
3. In interoperablen Projekten steigt die Anzahl der Beteiligten deutlich, die z. T. auch unterschiedliche Wissensstände haben. Die Synchronisierung der Wissensstände aller Beteiligten ist daher zu Projektbeginn zwingend erforderlich.
4. Individuelle Projektinteressen, insbesondere interne Zeitpläne, sind dem Gesamtprojekt unterzuordnen. Alle Veränderungen (inhaltlich, zeitlich, methodisch) sind prinzipiell in einem öffentlichen Dokument für alle Beteiligten nachvollziehbar darzustellen. Die Projektleitung bleibt dabei weiterhin das verbindende Element im Kommunikationsfluss.
5. An das Kooperationspotenzial der im Wettbewerb stehenden Industriepartner werden hohe Ansprüche gestellt; diese sollten bereits in der Ausschreibungsphase explizit benannt und eingefordert werden.
6. Die Projektkomplexität vergrößert sich während des Projektes. Darauf müssen sich alle Beteiligten von vornherein einstellen.
7. In einer fortlaufenden Projektdokumentation, die allen Beteiligten zugänglich ist, sind alle Anpassungen mit Verweis auf Auswirkungen für nachfolgende Systeme darzustellen. Darüber hat im Besonderen die Projektleitung zu wachen; durch die Offenlegung der Vorgänge haben aber auch andere Partner die Möglichkeit, bei Fehlersuche hier Hinweise zur Behebung zu bekommen.
8. Für die Projektleitung ergeben sich in Projekten mit vielen Beteiligten und unterschiedlichsten Interessenlagen besondere Anforderungen, die qualitative und quantitative Auswirkungen haben. Die Methoden der klassischen Projektsteuerung stießen in diesem Projekt sehr schnell an ihre Grenzen.

9. Eine stärkere Bereitschaft zur Reduktion der Anforderungen durch die beteiligten Verbünde ist ebenfalls enorm wichtig. Damit verbunden ist auch die Bereitschaft, gewachsene Verbundstrukturen und Tarifangebote zu hinterfragen, „auszumisten" und damit die Anforderungen an die technischen Systeme zu vereinfachen.

10. Dabei spielt die Entscheidung, komplexe Tarifprozesse, nämlich die Preisfindung, weg vom Verkaufsterminal hin zum Hintergrundsystem des Verbundes zu verschieben, eine wesentliche Rolle. Diese Entscheidung war in diesem Projekt einer der Erfolgsgaranten. Schnell zeigte sich, dass sich besondere tarifliche Maßnahmen (z. B. Sondertickets für öffentliche Veranstaltungen mit besonderem Tarif) auf diese Weise sehr einfach realisieren ließen.

11. Nicht zuletzt könnte auch das große öffentliche Interesse an einem solchen Projekt einen besonderen Motivationsfaktor für die Industriepartner darstellen, dieses zeitnah zum erfolgreichen Abschluss zu führen.

3.11 Fazit

Das hier beschriebene Projekt des interoperablen E-Ticketings hatte zu Projektbeginn noch keine stabilen Spezifikationen und Projekterfahrungen, sodass hier viel Neuland betreten wurde.

Zwischenzeitlich hat bei vielen Beteiligten ein enormer Lernprozess, im Besonderen bei den insgesamt acht Industriepartnern hinsichtlich der Umsetzung der VDV-Kernapplikation stattgefunden. Dieser Lernprozess hat das Verständnis und das Umsetzungspotenzial für die Kernapplikation erheblich gefördert. Die im Rahmen des hier beschriebenen Projektes gemachten Erfahrungen werden künftigen, insbesondere verbundübergreifenden E-Ticket-Projekten zugutekommen, sodass diese schneller und mit geringerem Aufwand zum Erfolg geführt werden können.

4 Stuttgart Services – Stuttgart setzt auf die richtige Karte

Christophe Fondrier, Andreas Helferich

Im Rahmen des Forschungsprojekts Stuttgart Services wird eine Chipkarte entwickelt, mit der die Bürger der Region Stuttgart die Möglichkeit haben, elektromobile Mobilität einfach zu erfahren. Dabei steht die intelligente Vernetzung bestehender Angebote im Vordergrund, wobei hierfür auch ein neuartiges Auskunfts- und Buchungsportal und die notwendigen IT-Systeme im Hintergrund entwickelt werden. Um eine breite Nutzung zu erreichen, wird die Karte an eine große Anzahl von Bürgern ausgegeben und auch die Nutzung von Bussen und Bahnen und städtischen Services sowie ein Bonusprogramm umfassen.

4.1 Einleitung

Die Bundesregierung hat 2009 in ihrem *Nationalen Entwicklungsplan Elektromobilität* das Ziel ausgerufen, Deutschland zum Leitmarkt für Elektromobilität zu machen und bis 2020 eine Million Elektrofahrzeuge auf Deutschlands Straßen zu bringen. Da Elektrofahrzeuge nach derzeitigem technischem Entwicklungsstand im Vergleich zu konventionell betriebenen Fahrzeugen höhere Anschaffungskosten, aber niedrigere variable Kosten aufweisen, ist deren Einsatz insbesondere bei hoher Auslastung wirtschaftlich. Folglich liegt die Verbindung zu Carsharing nahe, da Sharingfahrzeuge eine höhere Auslastung aufweisen als privat genutzte PKWs eines einzelnen Besitzers.

Aus Sicht des Benutzers decken Carsharing-Angebote allerdings nicht alle Mobilitätsbedürfnisse ab, sondern funktionieren besser in Kombination mit anderen, teilweise komplementären Verkehrsmitteln, beispielsweise dem Zurücklegen von Strecken zu Fuß oder mit dem Fahrrad, aber eben auch mit dem ÖPNV.

Vor dem Hintergrund der zunehmenden Beliebtheit von Carsharing, aber auch anderen Konzepten, die nach dem Prinzip „Teilen statt Besitzen" funktionieren, ergibt sich hier die Möglichkeit einer Kooperation zum gegenseitigen Nutzen: Insbesondere durch eine Kombination von ÖPNV und Sharing-Konzepten können sehr viele Mobilitätsbedürfnisse abgedeckt werden, sodass sowohl ÖPNV- als auch Sharing-Kunden sowie die jeweiligen Anbieter profitieren.

Ein solches Kooperationskonzept ist das Projekt Stuttgart Services, das in diesem Kapitel beschrieben wird. Als ein zentrales Projekt im baden-württembergischen „Schaufenster Elektromobilität – LivingLab BW^e mobil" wird Stuttgart Services vom Bundesministerium für Wirtschaft und Energie (BMWi) für drei Jahre bis Ende 2015 mit insgesamt 9,5 Mio. € gefördert. Die Vision des Projekts ist klar formuliert:

„Stuttgart Services – intelligent vernetzte, nachhaltige und einfache Mobilität ergänzt um urbane Angebote für die Bürger der Region Stuttgart!". Damit zielt das Projekt darauf ab, den Kundennutzen durch einfachen Zugang, verbesserte Information und integrierte Reservierung sowie durch Buchung einer Vielzahl von intelligent vernetzten elektromobilen und urbanen Angeboten zu erhöhen, ohne dass hierfür eine Vielzahl von Anmeldungen, sowie die gleichzeitige Nutzung unterschiedlichster Nutzungsmedien notwendig ist.

Zugleich sollen möglichst viele Bürger der Region Stuttgart in Kontakt mit der Elektromobilität gebracht werden und der motorisierte Individualverkehr in der Stadt soll deutlich reduziert werden, um CO_2-Emissionen, Feinstaub- sowie Lärmbelastung zu senken und Staus zu vermeiden. Im Ergebnis soll der sogenannte Modal Split, also die Verteilung des Transportaufkommens auf die verschiedenen Verkehrsmittel bzw. Modi, zugunsten des Nachhaltigkeitsverbundes, bestehend aus ÖPNV, Car- und Bikesharingkonzepten, Fahrrad, Fußweg und elektromobiler Individualverkehr, verändert werden.

Bevor Projektkonsortium, Projektinhalte und erste Ergebnisse beschrieben werden, wird im Folgenden auf den Hintergrund, also die Schaufensterinitiative der Bundesregierung und das LivingLab BW^e mobil eingegangen, in deren Rahmen das Projekt Stuttgart Services organisatorisch angesiedelt ist.

4.2 Schaufenster Elektromobilität

4.2.1 Übersicht und Entstehung

Um das Ziel zu erreichen, Deutschland zum Leitanbieter und Leitmarkt für Elektromobilität zu entwickeln, hat sich die Nationale Plattform Elektromobilität (NPE) als Beratungsgremium der deutschen Bundesregierung zur Elektromobilität gegründet. Die NPE ist ein Expertenkreis mit Vertretern von Industrie, Wissenschaft, Politik, Gewerkschaften und Gesellschaft, der es sich zum Ziel gesetzt hat, die ehrgeizigen Ziele von Bundesregierung und Industrie konstruktiv und beratend zu begleiten. Dabei ist ein enger Schulterschluss zwischen allen Industriezweigen entlang der neu entstehenden Wertschöpfungskette erforderlich. Um dies zu erreichen, wurden von der NPE Empfehlungen erarbeitet, die neben der Schaffung vorteilhafter Rahmenbedingungen und verstärkter Anstrengungen im Bereich Forschung und Entwicklung auch die Forderung, Elektromobilität erfahrbar zu machen, umfassen. Zugleich wurde mit den Schaufenstern Elektromobilität ein neues innovatives Instrument etabliert, bei dem Kräfte, Wissen und Erfahrungen systemübergreifend gebündelt werden. Auf Basis eines Wettbewerbs hat die Bundesregierung im April 2012 vier Regionen in Deutschland als „Schaufenster Elektromobilität" ausgewählt:

- Living Lab BW^e mobil (Baden-Württemberg)
- Internationales Schaufenster der Elektromobilität (Berlin-Brandenburg)
- Unsere Pferdestärken werden elektrisch (Niedersachsen)
- Elektromobilität verbindet (Bayern-Sachsen)

In diesen vier Regionen fördert die Bundesregierung auf Beschluss des Deutschen Bundestages die Forschung und Entwicklung von alternativen Antrieben. Insgesamt stellt der Bund für das Schaufensterprogramm Fördermittel in Höhe von 180 Mio. € bereit. In den groß angelegten regionalen Demonstrations- und Pilotvorhaben wird Elektromobilität an der Schnittstelle von Energiesystem, Fahrzeug und Verkehrssystem erprobt.

4.2.2 LivingLab BW^e mobil

Im baden-württembergischen Schaufenster „LivingLab BW^e mobil" erforschen mehr als 100 Partner aus Wirtschaft, Wissenschaft und öffentlicher Hand Elektromobilität in der Praxis. Die Projekte konzentrieren sich mit ihren Aktivitäten auf die Region Stuttgart und die Stadt Karlsruhe und sorgen auch international für eine hohe Sichtbarkeit. Das LivingLab BW^e mobil steht für einen systemischen Ansatz mit ineinandergreifenden Projekten, die Elektromobilität vom E-Bike über den E-Pkw bis hin zu elektrischen Transportern und Plug-in-Linienbussen für jedermann erfahrbar machen. In rund 40 Projekten sollen bis Ende 2015 rund 2000 Elektrofahrzeuge auf die Straße gebracht und über 1000 Ladepunkte installiert werden.

Inhaltlich betrachtet das LivingLab BW^e mobil das System Elektromobilität aus unterschiedlichen Blickwinkeln. Die Projekte greifen ineinander und bearbeiten neun zentrale Themenfelder:

- Intermodalität
- Flotten und gewerbliche Verkehre
- Energie, Infrastruktur und IKT
- Wohnen und Elektromobilität
- Stadt- und Verkehrsplanung
- Fahrzeugtechnologie
- Kommunikation und Partizipation
- Ausbildung und Qualifizierung
- Projektübergreifende Forschung

Dabei wird im Rahmen des LivingLab BW^e mobil auf vier Eigenschaften besonderer Wert gelegt:

1. Intermodalität: Die einzelnen Verkehrsmittel ergänzen sich gegenseitig sinnvoll und werden systemisch vernetzt genutzt.
2. Internationale Vernetzung: Das LivingLab BW^e mobil sorgt auch über die Landesgrenzen von Baden-Württemberg hinaus für hohe Aufmerksamkeit. Außerdem sind grenzüberschreitende Projekte integriert.
3. Bürgernähe: Viele Angebote sind für die breite Öffentlichkeit zugänglich, beispielsweise Carsharing-Flotten oder ÖPNV-Angebote. Eine weitere Besonderheit des baden-württembergischen Schaufensters sind die damit verbundenen Kommunikationsangebote: Nicht nur mit einer innovativen Internetpräsenz, dem Online-Schaufenster, sondern auch mit einer mobilen Roadshow zur Elektromobilität werden die Bürgerinnen und Bürger umfassend und ausführlich über das Thema und die Projekte des LivingLab BW^e mobil informiert.
4. Herstellernähe: Baden-Württemberg ist mit seinen zahlreichen Herstellern und Zulieferern ein von der Automobilindustrie geprägter Industriestandort. Angesichts dieser besonderen Ausgangslage ist es für das Land besonders wichtig, den Technologiewandel aktiv mitzugestalten und neue Mobilitätskonzepte zu entwickeln, mit denen Baden-Württemberg auch zukünftig auf dem Weltmarkt erfolgreich ist. Durch Kooperationen und begleitende Forschung können die Unternehmen Nutzerbedürfnisse identifizieren und in ihre strategischen Planungen einbinden.

Neben der Förderung durch die Bundesregierung wird das LivingLab BW^e mobil durch das Land Baden-Württemberg und die Region Stuttgart unterstützt. Koordiniert wird das Projekt durch die Landesagentur für Elektromobilität und Brennstoffzellentechnologie e-mobil BW GmbH und die Wirtschaftsförderung Region Stuttgart GmbH (WRS).

4.3   Das Projekt Stuttgart Services

4.3.1   Einführung

Die intermodale Vernetzung des ÖPNV mit (elektromobilen) Sharing-Konzepten ist ein neues, innovatives Thema, für das derzeit durch eine Vielzahl an Unternehmen intensiv nach Anwendungsbereichen, Produkten und – in erster Linie – Kunden gesucht wird. Das besondere an Stuttgart Services ist zum einen die Verknüpfung mit der Elektromobilität und zum anderen der Fokus auf die Erkundung und Generierung quantitativ relevanter Zielgruppen in urbanen Räumen.

Um möglichst viele Kontakte mit den Elektrofahrzeugen herzustellen, sind intelligente und einfache Lösungen zu entwickeln und zahlenmäßig relevante Kundengruppen mit der Technik in Kontakt zu bringen. Die Einbindung von Testgruppen von überschaubarer Größe hat es im Rahmen vieler Projekte bereits gegeben. Der innovative Ansatz bei Stuttgart Services ist es, große Teile der Bevölkerung in einem überschaubaren regionalen Raum (im „Schaufenster") an die Elektromobilität heranzuführen.

In der abschließenden Phase des Projekts werden mehrere hunderttausend Menschen, in die Zuführung und Forschungsansätze zur Elektromobilität einbezogen worden sein und ein Großteil dieser Menschen wird den „Schlüssel zur Elektromobilität" in der Tasche haben.

Fahrzeuge, die über Mietangebote zur Verfügung gestellt werden, erfordern eine Einbindung in ein Gesamtkonzept, das Mobilität auch außerhalb der Fahrzeugmietdauer anbietet. Inter- und multimodale Lösungen sind hierfür geeignet, benötigen jedoch einen hohen technischen und organisatorischen Integrationsgrad, um den Kunden als interessante und niederschwellige Lösung angeboten werden zu können.

Ein von der Stuttgarter Straßenbahnen AG geführtes Konsortium möchte diese für die nachhaltige Tragfähigkeit der Elektromobilität erfolgskritischen Fragestellungen im Rahmen von Stuttgart Services erforschen. Der Name des Stuttgarter Schaufensters „Living-Lab" sagt es deutlich: Es geht in diesem Projekt vor allem um die Menschen – es ist der Kundenwunsch, der die technische Umsetzung bestimmt. Eine kontinuierliche Kundenforschung, Qualitätsprüfung und Angebotsverbesserung werden dafür Sorge tragen, dass die vorgesehenen Entwicklungen im Sinne der Kunden stattfinden. Auf diese Weise soll eine breite Basis von Nutzern für das Angebot der „Integrierten Elektromobilität" geschaffen werden.

Durch die Integration von Partnern aus den Bereichen ÖPNV, Mobilität, Städtische Leistungen, Industrie, Software und Wissenschaft wurde ein Konsortium (vgl. Abb. 14) geschmiedet, welches das Forschungsprojekt Stuttgart Services zum Erfolg führen und auch bereits die Überführung in einen geplanten Regelbetrieb nach Projektende konzipieren soll. Durch offene Schnittstellen und eine Offenheit gegenüber neuen Partnern ist eine Erweiterung, um in einem Regelbetrieb eine noch breitere Palette an Dienstleistungen anbieten zu können, bereits vorgesehen.

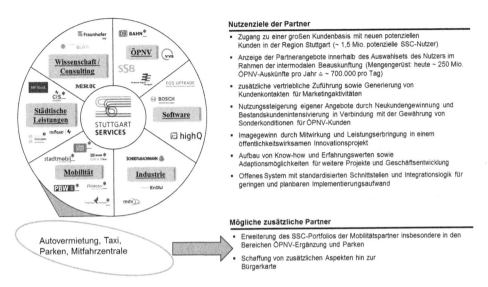

Nutzenziele der Partner

- Zugang zu einer großen Kundenbasis mit neuen potenziellen Kunden in der Region Stuttgart (~ 1,5 Mio. potenzielle SSC-Nutzer)
- Anzeige der Partnerangebote innerhalb des Auswahlsets des Nutzers im Rahmen der intermodalen Beauskunftung (Mengengerüst: heute ~ 250 Mio. ÖPNV-Auskünfte pro Jahr ≙ ~ 700.000 pro Tag)
- zusätzliche vertriebliche Zuführung sowie Generierung von Kundenkontakten für Marketingaktivitäten
- Nutzungssteigerung eigener Angebote durch Neukundengewinnung und Bestandskundenintensivierung in Verbindung mit der Gewährung von Sonderkonditionen für ÖPNV-Kunden
- Imagegewinn durch Mitwirkung und Leistungserbringung in einem öffentlichkeitswirksamen Innovationsprojekt
- Aufbau von Know-how und Erfahrungswerten sowie Adaptionsmöglichkeiten für weitere Projekte und Geschäftsentwicklung
- Offenes System mit standardisierten Schnittstellen und Integrationslogik für geringen und planbaren Implementierungsaufwand

Mögliche zusätzliche Partner

- Erweiterung des SSC-Portfolios der Mobilitätspartner insbesondere in den Bereichen ÖPNV-Ergänzung und Parken
- Schaffung von zusätzlichen Aspekten hin zur Bürgerkarte

Abb. 14 Übersicht über das Projektkonsortium Stuttgart Services

4.3.2 Schwerpunkte

Zum Ende des Projekts sollen die Bürger der Region Stuttgart mit einer einzigen Karte – der Stuttgart Service Card – verschiedenste (Mobilitäts-) Angebote nutzen können: Sie können den großteils elektromobil betriebenen ÖPNV nutzen, elektromobile Car- und Bikesharing-Angebote wahrnehmen und eigene Elektrofahrzeuge sowie Car- bzw. Bikesharing-Fahrzeuge an den in der Stadt verteilten, vom Energieversorger EnBW betriebenen Ladestationen, aufladen. Zudem können sie die Karte als Zahlungsmedium verwenden, dabei Bonuspunkte sammeln und exklusive Zusatzangebote nutzen. Hierzu soll unter Beteiligung lokaler Handels- und Gewerbebetriebe und der regionalen Bankenwirtschaft ein regionales Bonussystem konzipiert werden, das auch kleinen und mittelständischen Unternehmen eine wirtschaftliche Perspektive zur Teilnahme bietet. Darüber hinaus wird geprüft, das Parken in Parkhäusern der Stadt Stuttgart und am Flughafen ebenfalls zu unterstützen.

Aber auch verschiedene städtische Services sollen in Stuttgart Services integriert werden: Insbesondere soll die Stuttgart Service Card als Bibliotheksausweis genutzt werden können und den Eintritt in ausgewählte der zahlreichen Freizeiteinrichtungen der Stadt vereinfachen. In dem im Rahmen des Projekts geplanten Auskunfts- und Buchungsportal soll aber auch die Möglichkeit vorgesehen werden, Parkausweise oder die Umweltplakette bestellen oder Termine bei städtischen Ämtern vereinbaren zu können.

Um all diese Dienstleistungen „wie aus einer Hand" anbieten zu können, werden im Projekt verschiedene Schwerpunkte besonders intensiv bearbeitet:

- die elektromobile Multi- und Intermodalität
- das Auskunfts- und Buchungsportal (selbstverständlich auch in der Ausführung als Smartphone-App)
- die RFID-basierte Smartcard
- das zugrundeliegende Geschäftsmodell.

4.3.2.1 Elektromobile Intermodalität

Intermodale Mobilitätslösungen müssen für den Nutzer möglichst einfach und attraktiv gestaltet sein. Dies erfordert die Berücksichtigung sämtlicher Mobilitätsangebote, einer umfassenden, aktuellen und zuverlässigen Information vor Ort sowie universeller Zugangs- und Abrechnungssysteme für alle verfügbaren Verkehrsmittel.

Grundvoraussetzungen für intermodale Verkehrssysteme sind daher leistungsfähige ÖPNV-Netze, eine gute Verfügbarkeit an alternativen Mobilitätslösungen und Fahrzeugen sowie eine effiziente und innovative IKT-Infrastruktur. Insbesondere in Städten, in denen diese Strukturen bereits vorhanden sind und beispielsweise durch die weitere Verbreitung von Carsharing-Angeboten und dem Ausbau der ÖPNV-Netze gestärkt werden, ist bereits heute ein verändertes Mobilitätsverhalten zu verzeichnen.

So wandelt sich das Nutzungsverhalten allmählich von einer Verkehrsmittelperspektive mit einem starken Fokus auf das Automobil hin zu einer von Wahlfreiheit geprägten Systemperspektive. Hierdurch ist nicht mehr der Besitz eines Fahrzeugs, sondern der Zugang zu einem Fahrzeug ausschlaggebend. Das Mobilitätsbedürfnis als solches sowie der Auslöser des Bedürfnisses, also beispielsweise ein Kinobesuch oder ein Wochenendausflug auf dem Land, treten mehr in den Vordergrund.

Technisch baut das Projekt Stuttgart Services auf den Vorarbeiten aus verschiedenen weltweit untersuchten Projekten, sowie zum „eTicket Deutschland" auf: Mit Förderung durch das damalige Bundesministerium für Verkehr, Bau und Stadtentwicklung (heute Bundesministerium für Verkehr und digitale Infrastruktur) wurde auf Initiative des Verbands deutscher Verkehrsunternehmen ein Standard – die sogenannte VDV-Kernapplikation oder kurz VDV-KA – geschaffen, um interoperabel in ganz Deutschland E-Ticketing im ÖPNV nutzen zu können. Hiermit kann die vom Kunden wahrgenommene Komplexität der Nutzung des ÖPNV deutlich gesenkt und damit die Attraktivität des ÖPNV gesteigert werden. Gleichzeitig ist der Standard VDV-KA technisch offen gegenüber einer Erweiterung in Richtung Inter- und Multimodalität – sprich: Dasselbe Nutzermedium, mit dem der Kunde (im Endausbau) deutschlandweit den ÖPNV nutzen kann, kann dieser dann auch für multiapplikative Anwendungen wie z. B. Carsharing nutzen.

4.3.2.2 Auskunfts- und Buchungsportal

Inter- und multimodales Reisen überfordert den Kunden, wenn er nicht durch geeignete Maßnahmen unterstützt wird. Daher ist die Entwicklung eines Business-to-Consumer-(B2C-) Portals, das als Nutzer-Frontend für das Projekt Stuttgart Services dient, ein weiterer wichtiger Baustein. Während die aktuelle Auskunft des Verkehrsverbundes Stuttgart (VVS) im Bereich der ÖPNV-Beauskunftung schon sehr umfassende Funktionen bietet

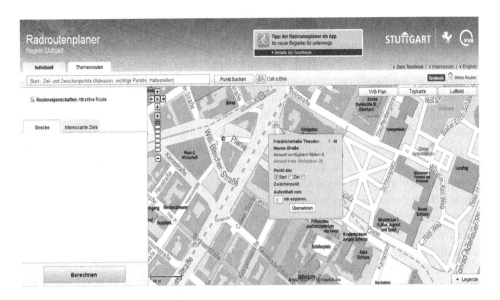

Abb. 15 Radroutenplaner des VVS und der Stadt Stuttgart

und jeder einzelne Anbieter von Mobilitätsdienstleistungen ebenfalls eine ausgereifte Lösung hierfür im Angebot hat, ist ein Verkehrsmittelvergleich noch nicht möglich. Folglich muss ein Nutzer, der sich die einfache Frage stellt, wie er am besten von A nach B kommt, hierzu aktuell für jeden Anbieter, den er in seinem Vergleich berücksichtigen will, selbst auf der Webseite oder in der App die entsprechende Information abfragen und die Ergebnisse manuell vergleichen.

Zukünftig soll das anders sein: Unabhängig davon, ob der Nutzer von einem PC, einem Notebook oder mit einem mobilen Endgerät auf das Portal zugreift, soll er Mobilitätsauskünfte erhalten, Nutzungsdaten einsehen und Account-Services in Anspruch nehmen können. Um die Angebote der Dienstleister über Stuttgart Services nutzen zu können, müssen die Nutzer bereits Kunden der angeschlossenen Partner(unternehmen) sein oder sich für diese neu anmelden. Das Portal dient damit als zentraler Zugangspunkt für die Nutzer als Kunden der Dienstleister/Partner. Die Anbindung an die Backend-Systeme der Projektpartner erfolgt über eine Business-to-Business- (B2B-) Plattform, die als zentraler Servicebus den Datenaustausch organisiert.

Ziel für das Auskunfts- und Buchungsportal von Stuttgart Services ist es nun, genau diesen Vergleich in einer integrierten und übersichtlichen Form zu ermöglichen: Ergänzend zur bislang monomodalen Routing-Auskunft sollen auch multimodale Routing-Auskünfte (vergleichend zwischen verschiedenen Verkehrsmitteln) und intermodale Routingauskünfte (Routings mit verschiedenen Verkehrsmitteln auf einzelnen Routing-Abschnitten) möglich sein. Abbildung 15 gibt einen Vorgeschmack auf diese Funktionen und zeigt, wie im Radroutenplaner, den VVS und die Stadt Stuttgart gemeinsam anbieten, Daten zu Leihfahrradstationen hinterlegt sind.

Um einen wirkungsvollen und realistischen Vergleich bieten zu können, müssen die bestehenden Angebote sowohl für den Individualverkehr (IV) als auch für den ÖPNV erfasst, verbessert und verknüpft werden, um dem Nutzer ein entsprechend attraktives Angebot machen zu können. Dies sollte insbesondere eine Berücksichtigung von Echt-zeitdaten im ÖPNV („S6 nach Schwabstraße, Abfahrt 12:03 heute 5 Minuten später") und im IV („A81 Stuttgart Richtung Singen zwischen Kreuz Stuttgart und Sindelfingen-Ost 3 km stockender Verkehr") umfassen. Zudem sind intelligente Heuristiken und Algorith-men zur Definition der intermodalen Übergangspunkte, also der Umstiege zwischen Ver-kehrsmitteln, zu entwickeln, damit die Ergebnisse übersichtlich bleiben. Es sollen nur Kombinationen angezeigt werden, die sinnvoll sind, also keinen unzumutbaren zeitlichen (Mehr-) Bedarf oder -preis ergeben und gleichzeitig soll die Antwortzeit des Routings für den Nutzer akzeptabel bleiben.

Dabei endet Stuttgart Services nicht bei der Anzeige von Routingoptionen. Der Nutzer soll auf Grundlage des Routings auch das entsprechende Mobilitätsangebot buchen bzw. reservieren können. Hierzu müssen die (Buchungs-) Systeme der verschiedenen Mobili-tätsdienstleister miteinander verknüpft werden. Hierbei stellen Heterogenität und Vielzahl der anzuschließenden Systeme eine besondere Herausforderung dar.

Der Limitierung von Komplexität auf ein handhabbares Maß kommt eine entscheiden-de Bedeutung zu. Um die Anzahl der hierfür notwendigen Verbindungen nicht auf einen Faktor M*N ansteigen zu lassen, sondern die Komplexität auf M+N zu limitieren wird der notwendige Datenaustausch zwischen den Systemen der Mobilitätsdienstleister, den städ-tischen Services, dem Routingkernel und dem B2C-Portal bzw. der Stuttgart-Services-App über die oben erwähnte B2B-Plattform geführt.

4.3.2.3 Stuttgart Service Card – der Zugang zu allen beteiligten Services

Als sichtbares Ergebnis des Projekts Stuttgart Services wird die Stuttgart Service Card (so der Arbeitstitel) dienen, die ihren Weg in die Geldbörsen der Bürger der Region Stuttgart finden und eine ganze Reihe anderer Karten ersetzen soll. Mithilfe dieser Karte sollen die zahlreichen verschiedenen Services genutzt werden. Beispielsweise kann die Karte zum Öffnen von Elektrofahrzeugen der beteiligten Carsharing-Anbieter oder eines E-Bikes, aber auch als Ersatz für den Benutzerausweis der Stadtbibliothek Stuttgart dienen. Hierzu baut die Karte auf dem seit November 2012 in Stuttgart verfügbaren Mobilpass auf, mit dem die Stammkunden des VVS bereits (Stand Ende 2013) car2gound Flinkster nutzen können. Die Einführung des Mobilpass wurde dabei durch den Verband Region Stuttgart (VRS) gefördert.

Innerhalb der Projektlaufzeit von Stuttgart Services erfolgt für deren Nutzung als E-Ti-cket im ÖPNV die Migration auf den zuverlässigen und sicheren Standard der VDV-Kern-applikation als Basis für alle weiterführenden Aktivitäten. Zudem soll die Karte als Kre-ditkarte nach dem Mastercard PayPass-Verfahren verfügbar sein. Eine Herausforderung für die Forschung und Entwicklung liegt hier beispielsweise darin, die Zertifizierungsvor-gaben des Standards der VDV-Kernapplikation und EMV (Europay International, Mas-terCard und VISA) zu erfüllen, ohne dass bei den beteiligten Partnern Änderungen an ihrer Akzeptanzinfrastruktur erforderlich sind. Aber auch die Möglichkeit, die genutzten

Varianten der betreffenden Kreditkarte zu wechseln, ohne dass die Karte ausgetauscht werden muss, stellt einen wichtigen Innovationsschritt dar.

Um diese Anforderungen umzusetzen, setzt ein großer Teil der Partner auf ein „Identifying" auf Basis gängiger Standards mit eigenen, bereits existierenden Systemen. Damit diese übergreifend mit einer Karte genutzt werden können, kommt ein multiapplikationsfähiger Microprozessor-Chip zum Einsatz, der in der Lage ist, neue Funktionen abzubilden und gleichzeitig die bisherigen Standards der bestehenden Akzeptanzinfrastruktur zu emulieren. Aufgrund dieser Abwärtskompatibilität müssen die Lesegeräte der bestehenden Akzeptanzinfrastruktur nicht ausgetauscht werden.

Innovation und Investitionsschutz werden hier so miteinander verbunden, dass eine geordnete Migration in zeitlich und wirtschaftlich vertretbaren Schritten erfolgen kann. Durch seine weiterentwickelten Krypto-Algorithmen und multiapplikationsfähigen Sicherheitsmechanismen erfüllt der nach Common Criteria zertifizierte Chip zudem die Voraussetzungen sowohl für eine EMV-Zertifizierung als auch für eine Zertifizierung nach der VDV-KA.

Das entstehende Kartensystem verbindet also die elektronischen Ticketing-Ansätze des ÖPNV auf Basis der VDV-KA mit den Ansätzen der diversen E-Carsharing-Angebote, Kreditkarten und städtischen Services. Das so entstehende Multiapplikationsumfeld wird in dieser Dimension und technischen Integration mit Elektromobilität und Ladeinfrastruktur erstmalig umgesetzt.

Um Prozesse wie die Ausgabe oder Änderung von Fahrtberechtigungen im ÖPNV weiter zu vereinfachen und zu vermeiden, dass der Kunde zu diesem Zweck extra in ein Kunden- bzw. Reisezentrum kommen und sich dort evtl. in längere Schlangen einreihen muss, wird im Projekt Stuttgart Services ein weiterer Ansatz untersucht. Das sogenannte ID-basierte Ticketing soll es ermöglichen, dass ein Kunde die Änderung des räumlichen Geltungsbereiches seines ÖPNV-Abonnements künftig auch über das Internet veranlassen kann. Außerdem könnte er das Ticket gleich online über sein Smartphone kaufen. Beim ID-basierten Ticketing werden die Tickets einfach im Hintergrundsystem gespeichert. Darüber hinaus wird untersucht, wie herkömmliche elektronische Fahrscheine kundenfreundlich und effizient über dezentrale Stellen (z. B. Fahrausweisautomat, Einlasskontrollsystemen oder Prüfpersonal) nachträglich auf die Chipkarte im Feld geschrieben werden können.

Datenschutz

Mit der großen Zahl an beteiligten Partnern unterschiedlicher Branchen (ÖPNV, Carsharing, Parkhäuser, Ladesäulen, urbane Angebote etc.) und den jeweiligen Angeboten geht einher, dass im Rahmen von Stuttgart Services eine Vielzahl von Kundendaten verarbeitet werden muss. Der Datenschutz spielt aus diesem Grund eine wichtige Rolle und wird in einem eigenen Arbeitspaket behandelt. Dadurch ist gewährleistet, dass dieser Aspekt von Beginn an in der Konzept- und Planungsphase entlang der geltenden gesetzlichen Rahmenbedingungen mitberücksichtigt und eingebunden wird. Im Einzelnen gliedert sich das Thema Datenschutz in drei Aufgabenbereiche:

Der erste Aufgabenbereich ist die Erstellung des Datenschutzkonzepts: Das Datenschutzkonzept enthält verbindliche Festlegungen für alle Arbeitspakete zum Datenschutz. Dort wird beschrieben, welche personenbezogenen und somit vertraulichen Daten verarbeitet werden. Es werden Rollen mit entsprechenden Berechtigungen definiert. Der Umgang (Nutzung und Weitergabe) mit den Daten wird geregelt und es werden Löschfristen festgelegt. Zudem wird ein Datenfeld- und Schnittstellenkatalog erstellt. Die Möglichkeiten der Anonymisierung und Pseudonymisierung der Datenobjekte werden geprüft.

Der zweite Aufgabenbereich befasst sich mit der Abstimmung der datenschutzrelevanten Themen mit anderen Projekten im Schaufenster Elektromobilität und mit den Landesbehörden. Im konkreten Fall bedeutet dies, dass sich Stuttgart Services mit der Projektleitstelle, den anderen Projekten im Schaufenster sowie mit der Aufsichtsbehörde für den Datenschutz Baden-Württemberg zum Thema Datenschutz abstimmt.

Der dritte Aufgabenbereich ist die Erstellung eines IT-Sicherheitskonzepts unter Berücksichtigung der Regelungen bei den beteiligten Projektpartnern. Es werden Sicherheitsmaßnahmen für den Schutz der Daten gegen Missbrauch definiert. Dafür wird vorab eine Sicherheitsbetrachtung in Form einer Risikoanalyse durchgeführt. Die Maßnahmen werden sich dabei an den Festlegungen des Datenschutzkonzepts zur Vertraulichkeit, Verfügbarkeit, Integrität und Authentizität der Daten orientieren. Die Datenschutzbeauftragten aller Projektpartner treffen sich während der gesamten Projektlaufzeit in regelmäßigen Abständen. Dabei werden Fragen aus dem Projekt zum Datenschutz erörtert und beantwortet. Weiterhin werden gemeinsame Vorgehensweisen abgestimmt und, sofern erforderlich, Maßnahmen eingeleitet und umgesetzt.

4.3.2.4 Geschäftsmodell

Auf der Basis einer im Herbst 2011 mit Unterstützung einer internationalen Unternehmensberatung durchgeführten Vorstudie, bei der auch internationale Beispiele untersucht wurden, wird im Projekt ein tragfähiges Geschäftsmodell für die Zeit nach Projektende erarbeitet. Hierzu wurden beispielsweise Erfolgsfaktoren der internationalen Projekte identifiziert und Möglichkeiten für die Ausgestaltung einer Betreibergesellschaft skizziert. Zu den identifizierten Erfolgsfaktoren zählt zum einen die Integration des ÖPNV, wie sie in Deutschland durch die Verkehrsverbünde schon länger existiert – in Stuttgart mit dem VVS seit über 30 Jahren. Zum anderen wurde die Integration weiterer Mobilitätsangebote (z. B. Car- und Bikesharing) und zusätzlicher Services wie Einzelhandel, Bezahlfunktion und städtische Services, aber auch die Gewinnung einer großen Anzahl von Nutzern für die Karte als Erfolgsfaktoren ausgemacht.

Im Rahmen des Projekts wird nun detaillierter untersucht, wie diese Erfolgsfaktoren in der Region Stuttgart umgesetzt werden können, um ein tragfähiges Geschäftsmodell für die Stuttgart Service Card zu erhalten. Dazu wird erstens das Kundenpotenzial näher untersucht, also versucht, erfolgversprechende Kundensegmente zu identifizieren und zu quantifizieren sowie mit Geschäftsfällen, die aus Kunden- wie Anbietersicht attraktiv sind, in Verbindung zu bringen.

Zweitens wird ein Rechte- und Rollenmodell entwickelt, um die verschiedenen wertschöpfenden und unterstützenden Aktivitäten, die für ein Funktionieren von Stuttgart Services notwendig sind, auf die verschiedenen Partner zu verteilen und den Partnern die richtigen Rechte und Pflichten zuzuweisen. Insbesondere ist hier die Vernetzung gemeinwirtschaftlich getragener (z. B. Produkte der Landeshauptstadt Stuttgart) und privatwirtschaftlicher Produkte und Dienstleistungen (z. B. Dienstleistungen der Bankenwirtschaft) im Rahmen der Elektromobilität zu berücksichtigen, um ein stabiles und rechtssicheres Modell zu entwickeln.

Drittens werden die in der Vorstudie identifizierten generischen Optionen für eine Betreiberorganisation sowie die Empfehlungen, wie die spezifischen Anforderungen (z. B. in den Bereichen Datenschutz, Diskriminierungsfreiheit, Information, Bezahlung und Performance) wirtschaftlich erfüllt werden können, detailliert untersucht.

Viertens werden die Punkte Datenüberlassung und Datennutzung untersucht: Aufgrund der notwendigen hochgradigen Vernetzung der eingebundenen Organisationen mit öffentlichem Verkehr, Bezahldienstleistern, Mehrwertdiensten und städtischen Dienstleistungen wird es zu einem wesentlich intensiveren Datenaustausch zwischen Datenerzeugern und Datennutzern im Bereich Dienstleistungen und Mobilität kommen. Dabei müssen aufgrund der multisektoralen Ausrichtung der Geschäftsfälle und der Notwendigkeit leistungsfähiger und wirtschaftlicher Systeme zum Teil Daten außerhalb der Zuständigkeit des Datenerzeugers verarbeitet und an den Vertrieb und die Nutzer über zusätzliche Kanäle weitergegeben werden. Zur Regelung der Datenüberlassung und Datennutzung zwischen den Akteuren sind entsprechende Vertragsgestaltungen zu entwickeln, sowohl allgemeinrechtliche (z. B. Zusammenarbeit, Austritt), kaufmännische (z. B. Strafzahlungen bei Nichterreichung vereinbarter Kennzahlen) wie auch spezifische Punkte (z. B. Service-Level-Agreements, Kennzahlen, technische Anforderungen, Meldeweg und Meldepflichten usw.) angemessen zu berücksichtigen. Insbesondere soll für die Geschäftsvorfälle untersucht werden, wie der Datenaustausch auf ein Maß beschränkt werden kann, bei dem Unternehmens- und Kundendaten geschützt bleiben, aber auch der Kundennutzen gewährleistet werden kann.

Fünftens und letztens werden Prozesse und Strukturen konzipiert, um die Produkte und Dienstleistungen der Elektromobilität und sonstigen Dienstleistungen über geeignete und leistungsfähige Informations- und Vertriebskanäle vertreiben zu können. Dabei stellt die transparente Kommunikation (hinsichtlich Inhalten, Strategie, Ansprache, Feedback) von multisektoralen Geschäftsfällen an die Nutzer im Moment ihrer Entscheidungsfindung eine Herausforderung für die beteiligten Partner dar. Auch sind in Abhängigkeit von den technischen und organisatorischen Rahmenbedingungen geeignete Vertriebsstufen zu definieren, um einen möglichst breiten Vertrieb auch in den Filialen, Kundenzentren und Ämtern der beteiligten Partner zu ermöglichen, ohne die Partner und ihre Vertriebsorganisationen zu überfordern. Aufgrund des breiten Spektrums an hochwertigen, aber oftmals auch erklärungsbedürftigen Leistungen, die von den Partnern in das Projekt eingebracht werden, sind Vertrieb von und Beratung zu allen diesen Leistungen nicht immer für alle Partner abbildbar. Daher müssen unterschiedliche Vertriebsstufen definiert werden, die zum einen aus Kundensicht schlüssig und zum anderen für die Partner wirtschaftlich darstellbar sind. Beispielsweise wird überlegt, an manchen Stellen dem Kunden eine mit seinem Namen und Foto personalisierte Stuttgart Service Card auszugeben, die er aber anschließend – online über das B2C-Portal oder in den Vertriebsstellen des jeweiligen Partners – noch für die Dienste freischalten muss.

4.3.3 Fazit und Ausblick

Das Projekt Stuttgart Services hat zum 1. Januar 2013 begonnen und läuft bis Ende Dezember 2015, steht also noch vergleichsweise am Anfang seiner Laufzeit. Zwischenergebnisse sind jedoch bereits verfügbar. Bereits jetzt zeigt sich, dass ein Projekt dieses Volumens und mit einem derart breit gefächerten Konsortium enormes Potenzial bietet, aber auch eine große Komplexität aufweist. Zudem ist der Innovationsgrad des Projekts als hoch einzustufen, da sowohl seitens des Geschäftsmodells als auch an verschiedenen Stellen seitens der Technik und Organisation Neuland betreten wird.

Dafür verspricht der umfassende Ansatz des Projekts bereits heute sichtbare Verhaltensänderungen zu unterstützen und zu verstärken und somit zum einen die Elektromobilität zu fördern und zum anderen die Belastung durch Abgase, CO_2 und Feinstaub in einer sehr dicht besiedelten Region deutlich zu senken.

Der Nutzen für die Bürger wird durch die zusätzliche Einbindung komplementärer Leistungen nochmals gesteigert und das Potential der eingesetzten Technologien weitgehend ausgeschöpft.

5 Interoperabel und international: E-Ticketing für Luxemburg

Thomas Hornig, Reinhard Huschke

Das Großherzogtum Luxemburg hat im September 2013 ein landesweites elektronisches Ticketing gestartet. Das System soll im Endausbau sowohl Handyticketing mittels Barcode als auch Chipkarten nach dem deutschen E-Ticket- und dem Calypso-Standard unterstützen. Die Bezahlung der Tickets erfolgt im Prepaid-Verfahren. Von highQ wurden die benötigten Hintergrund- und Schnittstellensysteme sowie eine Smartphone-Applikation für Apple iOS, Android und Windows Phone entwickelt und implementiert. Auftraggeber des Projekts ist der Luxemburger Verkehrsverbund (Verkéiersverbond).

5.1 Ausgangssituation

Zum Verkéiersverbond gehören insgesamt 34 öffentliche und private Verkehrsunternehmen, darunter die Luxemburger Staatsbahn (Société Nationale des Chemins de Fer Luxembourgeois, CFL). Aufgrund der geringen geografischen Ausdehnung des Großherzogtums besteht ein entfernungsunabhängiger Tarif, der lediglich nach Nutzungsdauer gestaffelt ist (es gibt ein Kurzzeitticket bis zwei Stunden Fahrtzeit sowie ein Langzeitticket, das einer Tageskarte entspricht). Neben Einzelfahrscheinen und Fahrscheinheften auf Papier werden seit September 2008 auch wiederaufladbare Chipkarten angeboten. Dieses System namens „E-Go" hat sich jedoch nicht bewährt und wurde nun durch das im Folgenden beschriebene E-Ticket-System auf der Basis der deutschen VDV-Kernapplikation ergänzt. Den offiziellen Startschuss für das neue System gab der Verkéiersverbond Luxembourg im Rahmen der EU-Kampagne „European Mobility Week" vom 16. bis 22. September 2013.

5.2   Projektbeschreibung

Mit der Entwicklung des E-Ticket-Systems wurden die Karlsruher init AG und die Freiburger highQ Computerlösungen GmbH beauftragt. Während init für die Ausrüstung der Betriebszentralen, Haltestellen und der rund 920 Fahrzeuge mit entsprechender Hard- und Software zuständig war, wurde highQ mit der Entwicklung eines zum deutschen E-Ticket-Standard VDV-KA konformen Hintergrundsystems für den Datenaustausch und das Fahrgeldmanagement sowie einer Handy-Ticketing-Applikation für die Plattformen iOS, Android und Windows Phone betraut.

Zum zweiten Quartal 2014 soll zusätzlich zum Handy-Ticketing ein Chipkarten-Ticket eingeführt werden. Während das Handy-Ticketing für Gelegenheitsfahrer vorgesehen ist, wird die Chipkarte, zumindest bis auf Weiteres, Abonnenten vorbehalten sein, da die Chipkarte im Vergleich zum Handy-Ticketing einen höheren Sicherheitsstandard bietet. Chipkarteninhaber können jedoch ihr Smartphone als Lese-/Schreibterminal nutzen, um entsprechende Fahrtberechtigungen auf ihre Chipkarte zu übertragen oder zu prüfen.

Eine Besonderheit des Projekts ist die mittelfristig optional vorgesehene Anbindung an benachbarte Nahverkehrssysteme in Belgien, Deutschland und Frankreich, die ein grenzüberschreitendes Ticketing zwischen diesen Ländern ermöglichen soll. Hierzu ist insbesondere eine Schnittstelle zwischen der VDV-KA und dem internationalen E-Ticket-Standard Calypso zu schaffen. Damit wäre das Luxemburger System die erste Umsetzung eines Multistandard-E-Ticketings, wie es bereits im Rahmen des europäischen IFM-Projekts (Interoperable Fare Management Project[6]) skizziert wurde.

5.3   Handy-Ticketing

Die E-Tickets werden auf dem Smartphone in Form von 2D-Barcodes abgelegt. Durch eine Koppelung an die individuellen Identifikationsnummern des Fahrgast-Handys sowie eine Authentifizierung durch Secure Application Modules (SAMs) im Hintergrundsystem besitzen die Tickets eine sehr hohe Fälschungssicherheit, sodass eine illegale Übertragung der Fahrberechtigung auf ein anderes Mobiltelefon praktisch ausgeschlossen ist.

Die technische Basis des Luxemburger Handy-Ticketings bildet das highQ-Produkt „mytraQ", das unter anderem beim KreisVerkehr Schwäbisch Hall im Einsatz ist.

---

[6] http://www.eticket-deutschland.de/ifm-projekt.aspx (11.10.2014).

5.3.1   Unterstützte Plattformen

Unterstützt werden die Betriebssystemversionen

- Apple iOS ab Version 5
- Google Android ab Version 2.3 (Gingerbread)
- Windows Phone ab Version 7.5

Ein besonderer Schwerpunkt lag dabei auf der iOS-Entwicklung, da rund drei Viertel aller Smartphone-Nutzer in Luxemburg ein iPhone besitzen. Diese Tatsache machte auch die Entwicklung des oben erwähnten, besonderen Sicherheitsmechanismus erforderlich, der ohne das (von Apple derzeit nicht unterstützten) NFC-Verfahren[7] auskommt.

Bei der Entwicklung der Handy-Applikation wurde besonders darauf geachtet, das typische „Look and Feel" der jeweiligen Plattform zu berücksichtigen. Damit sollte den Erwartungen der Endbenutzer entsprochen („User Experience") und eine hohe Akzeptanz der Applikation erreicht werden. Um native Anwendungen für alle drei Plattformen in der gesetzten Frist entwickeln zu können, setzte highQ die Virtual-Developer-Technologie der Generative Software GmbH ein, die eine effiziente Multiplattformentwicklung ermöglicht.

Virtual Developer

Die von der Generative Software GmbH entwickelte Virtual-Developer-Technologie ermöglicht eine effiziente Multiplattformentwicklung von Anwendungssoftware. Mit diesem auch als modellbasierte Softwareentwicklung (model driven software development, MDSD) bezeichneten Verfahren werden die von der Software gewünschten Funktionen nicht in einer bestimmten Programmiersprache (z. B. Java oder Delphi) beschrieben, sondern in einer abstrakten Modellierungssprache, aus der sich native Anwendungen für mehrere Plattformen weitgehend automatisch generieren lassen.

Die automatische Codegenerierung spart nicht nur Zeit für die Parallelentwicklung, sondern vermeidet auch Fehler bei der Codeübertragung zwischen den verschiedenen Plattformen. Für die Nutzer ergibt sich zugleich der Vorteil, dass das Ergebnis vom „Look and Feel" authentisch ist: Irritierende Abweichungen im Design oder bei Funktionsabläufen, wie sie heute bei Smartphone-Applikationen gang und gäbe sind, lassen sich so vermeiden – jede entstehende Anwendung entspricht genau den Designrichtlinien der jeweiligen Plattform.

Im Luxemburger Projekt wurde Virtual Developer zur Generierung der Smartphone-Applikationen für iOS/Android/Windows Phone, insbesondere der serverseitigen Schnittstellenkommunikation mit dem SAM-Server, angewandt. Die auf den verschiedenen Plattformen benötigten Softwareroutinen wurden automatisch generiert, sodass sich die Entwickler auf die inhaltlichen Aspekte der Prozesse konzentrieren konnten.

---

[7] http://de.wikipedia.org/wiki/Near_Field_Communication (26.05.2014)

5.3.2 Ticketauswahl und -erwerb

In der ersten Realisierunghase (bis Ende des 1. Quartals 2014) stehen dem Fahrgast vier Produkte zur Verfügung:

- Kurzzeitticket (Kuerzzäitbilljee)
- 10er-Kurzzeitticket
- Langzeitticket (Dagesbilljee)
- 5er-Langzeitticket

Im Screen „Produktauswahl" kann der Fahrgast das von ihm gewünschte Ticket auswählen und erhält anschließend eine kurze Produktbeschreibung sowie die Möglichkeit, das ausgewählte Produkt zu erwerben.

Eine Besonderheit des Luxemburger Handy-Ticketings ist der sogenannte „Ticketspeicher": Der Nutzer kann mehrere Einzelfahrkarten auf sein Handy laden. Aus diesem Speicher wählt er dann vor Fahrtantritt ein Ticket aus und entwertet es, s. Abb. 16. Diese Vorgehensweise entspricht langjährigen Luxemburger Nutzergewohnheiten, indem das Konzept der beliebten Papier-Fahrscheinhefte auf die elektronische Plattform übertragen wurde. Der Fahrgast findet sein gewohntes Prozedere wieder, wodurch ein zusätzlicher Anreiz zur Nutzung des E-Tickets entsteht. Neben der zweischrittigen Vorgehensweise Kauf/Entwertung wird ab der zweiten Projektphase auch die direkte Entwertung nach dem Kauf für einen unmittelbaren Fahrtantritt möglich sein.

5.3.3 Sicherheitsmechanismus

Im Interesse der Fälschungssicherheit schreibt der VDV-KA-Standard eine eindeutige Signatur jedes ausgegebenen E-Tickets mittels Hardware-Sicherheitsmodulen (Secure Application Modules, SAM) vor, die im Hintergrundsystem angeordnet sind (siehe auch Abschn. 1.5.4.1 zum SAM-Server).

Der Zeitrahmen für die Signierung eines 2D-Barcodes beträgt im Normalfall zwischen einer und drei Sekunden, sodass theoretisch pro Minute und pro SAM zwischen 20 und 60 Transaktionen möglich sind. In der ersten Projektphase werden zunächst 16 SAMs eingesetzt, die in der Lage sind, ca. 500 2D-Barcode-Transaktionen pro Minute abzuwickeln. In der zweiten Phase, wenn die Chipkarten als Fahrscheinmedium hinzukommen, wird diese Zahl auf 32 verdoppelt, zum einen, um die voraussichtlich höhere Nachfrage nach E-Tickets zu befriedigen, zum anderen, um den längeren Authentifizierungszeiten des Chipkartentickets über die NFC-Schnittstelle (ca. 4 bis 10 s) Rechnung zu tragen.

5.3.4 Ticketkontrolle

Als Ticketformat kam ein 2D-Barcode im sogenannten Regel- bzw. erweiterten Format gemäß VDV-KA zum Einsatz. Dieser enthält nicht nur die Fahrtberechtigung selbst, sondern auch das vom SAM erzeugte Zertifikat, welches für die Kontrolle benötigt wird. Der Standard sieht vor, dass das Zertifikat im NFC-Chip des Smartphones abgelegt wird; da in Luxemburg überwiegend iPhones zum Einsatz kommen, die zur Zeit noch keine

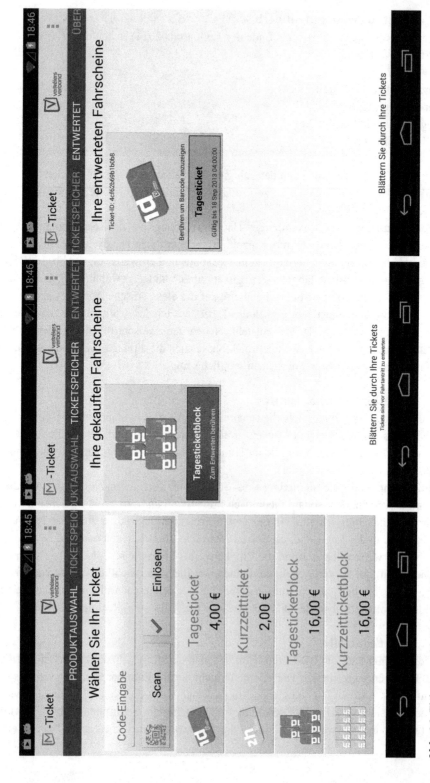

Abb. 16 Ticketauswahl, Ticketspeicher und entwertete Tickets

Abb. 17 Barcode-Kontrolle
mit M-Ticket

native NFC-Unterstützung bieten, wurde ein alternativer Sicherheitsmechanismus implementiert: Die Fahrtberechtigung wurde an die UUID und IMEI des Smartphones gekoppelt, sodass ein unberechtigtes Kopieren von einem Smartphone auf ein anderes wirksam unterbunden wird. Bei einer Kontrolle erfolgt durch Antippen des Ticketcodes ein Abgleich zwischen Barcode-Daten und Smartphone-Identität, s. Abb 17. Im Fehlerfall erhält der Kontrolleur eine visuelle Fehlermeldung, dass das Ticket nicht zum Smartphone des kontrollierten Fahrgastes gehört. Durch diesen Kunstgriff ist auch ohne NFC-Kontrolle stets eine eindeutige Identifikation und Zuordnung des E-Tickets möglich.

Die Nutzung NFC-fähiger Smartphones wird gleichwohl von Anbeginn unterstützt: Bis zu vier E-Tickets können die Fahrgäste selbst auslesen und überprüfen, in der zweiten

Projektphase können sie mit Hilfe ihres Smartphones zudem Abonnements erwerben und auf ihre Chipkarte übertragen sowie den Inhalt der Chipkarte detaillierte überprüfen.

5.3.5 Transaktionen

Mit jedem ausgegebenen 2D-Code wird eine Transaktion erzeugt, die für weitere Auswertungen an das Hintergrundsystem übertragen wird. Sie informiert alle gemäß KA-Rollenmodell Zuständigen, dass ein Ticket ausgegeben wurde und bildet die Basis für buchhalterische und statistische Auswertungen. Der Austausch der Verkaufs- und Statistikdaten erfolgt über die von highQ gemeinsam mit Partnern entwickelte, herstellerunabhängige Standardschnittstelle (HuSST), die sich beim interoperablen E-Ticketing immer mehr zum De-facto-Standard entwickelt.

5.3.6 Bezahlverfahren

Eine wichtige Rolle für die Akzeptanz des Handy-Ticketings stellt der Bezahlvorgang dar: Dieser muss so komfortabel wie möglich sein, sodass er keine Nutzungsbarriere darstellt. Aus diesem Grund wurde dem sogenannten In-App-Payment im Vergleich zu webbasierten Verfahren (z. B. via HTTPS-Schnittstelle) der Vorzug gegeben; der Bezahlprozess wird hierbei vom jeweiligen Betriebssystem nativ unterstützt und kann so komplett mit Hilfe einer Smartphone-Applikation durchgeführt werden. Vom Verkéiersverbond wurden die Anbieter DigiCash, FLASHiZ (s. Abb. 18) und Saferpay ausgewählt, wobei Saferpay erst in der zweiten Projektphase integriert wird, da hierfür zur Zeit noch keine Schnittstelle für die entsprechende App angeboten wird. Dasselbe gilt für Windows Phone, hier gibt es gegenwärtig für keine der drei Plattformen eine App-Unterstützung.

5.3.7 Erweiterungsoptionen

In der zweiten Realisierungsphase (ab dem 2. Quartal 2014) sind folgende Erweiterungen des Systems geplant:

- Umsetzung der Smartphone-Applikation auf Windows Phone
- Integration der Bezahlschnittstelle Saferpay
- Erweiterung des Produktangebots, z. B. Bereitstellung von Bahnfahrkarten der 1. Klasse
- Unterstützung des Ladevorgangs von Abonnements auf die Chipkarte

Für künftige Projektphasen ist weiterhin eine Integration von Bedarfsverkehren (z. B. Ruftaxis) sowie komplementärer Dienstleistungen (z. B. Nutzung von Parkhäusern und Schwimmbädern) wie in Schwäbisch Hall denkbar.

Sobald die Chipkarte zur Verfügung steht, wäre prinzipiell auch die Einführung eines Check-in/Check-out-Systems (CiCo) gemäß VDV-KA/Stufe 3a realisierbar. Dieses wird jedoch erst dann relevant, wenn das Luxemburger E-Ticket interoperabel, d. h. außerhalb des Luxemburger Tarifgebiets genutzt wird.

Abb. 18 Die Bezahlvarianten Flashiz und Digicash

5.4 Hintergrundsystem

Das von highQ entwickelte Hintergrundsystem für den Datenaustausch und das Fahrgeld-management basiert auf der aktuellen VDV-KA-Version 1.1.09 und ist damit das erste E-Ticketing auf dieser Basis. Der Verkéiersverbond deckt dabei mehrere Rollen nach dem KA-Rollenmodell ab.

VDV-KA

Die VDV-Kernapplikation (VDV-KA) definiert die technischen Anforderungen an eine bundesweit einsetzbare elektronische Fahrkarte. Ziel ist es, dass jeder Fahrgast mit dem Ticket seines heimatlichen Verkehrsbetriebs auch in jeder anderen deutschen Stadt, in der ein KA-konformes System existiert, öffentliche Verkehrsmittel nutzen kann, ohne sich vorab über die dort geltenden Tarife und Bestimmungen informieren zu müssen.

Um durchgängige Reiseketten über Verkehrsbetriebs- bzw. -verbundgrenzen hinweg zu ermöglichen, müssen große Datenströme schnell und sicher zwischen den beteiligten Verkehrsunternehmen bewegt und von den jeweiligen Fahrgeldmanagementsystemen verarbeitet werden. Der sichere Datenaustausch zwischen den verschiedenen Akteuren erfolgt über ein interoperables Netzwerk (ION), dessen Eigenschaften in der VDV-KA spezifiziert sind.

Das Zusammenspiel der Akteure in einem solchen interoperablen System ist über das KA-Rollenmodell definiert, welches die jeweiligen Aufgaben und technischen Teilsysteme beschreibt:

- Kunde ist der ÖPV-Nutzer
- Der Kundenvertragspartner ist der Ansprechpartner des Kunden: Er steht in einer vertraglichen Beziehung zum Kunden und ist für die Ausgabe und Sperrung von E-Tickets zuständig.
- Der ÖPV-Dienstleister ist für das Verkehrsangebot zuständig. Er liefert Nutzungs- und Kontrolldaten an den Produktverantwortlichen.
- Der Produktverantwortliche definiert die Tarifprodukte und ist für die Abrechnung und Aufteilung der Einnahmen auf die verschiedenen Dienstleister zuständig. Ferner übernimmt er die statistische Auswertung der Nutzungsdaten.
- Der Applikationsherausgeber wacht über die Sicherheit des Gesamtsystems und stellt die Zertifikate für die E-Tickets aus.
- Der Kontrollservice (KOSE) ist für die Erstellung und Verwaltung der Sperrlisten auf der Basis aktueller Kontrolldaten zuständig.

In der Praxis sind verschiedene Rollen häufig in einer Organisation gebündelt: So ist der Verkehrsdienstleister meist gleichzeitig Kundenvertragspartner und Produktverantwortlicher; letztere Rolle wird in Verkehrsverbünden meist von der Verbundorganisation übernommen. Dies ist auch im Luxemburger Projekt der Fall.

5.4.1 KOSE

Eine zentrale Rolle im VDV-KA-Modell ist der Kontrollservice (KOSE), welcher die für die Ticketkontrolle benötigten Sperrlisten zur Verfügung stellt. Für das Luxemburger System wurde ein eigener KOSE (KOSE-Lux) eingerichtet. Für künftige interoperable Nutzungen über die Ländergrenzen hinweg wird sowohl ein Datenaustausch mit dem bestehenden KOSE Deutschland als auch – über einen speziellen Adapter – eine Übernahme von Calypso-Sperrlisten möglich sein. Zur Vereinfachung des Datenaustauschs werden die VDV- und Calypso-Sperrlisten in die Sperrlisten des KOSE-Lux eingegliedert; der weitere Datenaustausch erfolgt dann über die VDV-KA-konformen Schnittstellen.

5.4.2 SAM-Server

Um die E-Tickets zu signieren, werden gemäß VDV-KA Secure Application Modules (SAM) eingesetzt (vgl. Kap. 3.3). Im Regelfall befinden sich die SAMs direkt in der Hard-

ware, mit der die Fahrscheine ausgegeben und geprüft werden, d. h. in Fahrscheinauto-
maten oder Kontrollgeräten. Um denselben Sicherheitsstandard auch auf Geräten ohne
integriertes SAM – den für das Handy-Ticketing genutzten Smartphones – realisieren zu
können, ist ein SAM-Server vonnöten, welcher die Signaturen erzeugt und zusammen mit
den E-Tickets auf das Mobilgerät sendet.

Der SAM-Server ist im Hintergrundsystem angeordnet und kommuniziert über das
interoperable Netzwerk (ION). Die SAMs wurden in die von highQ entwickelte Schnitt-
stellen-Appliance IONgate integriert, welche die Datenschnittstelle zum ION bildet. Das
Luxemburger Handy-Ticketing stellt den erstmaligen produktiven Einsatz eines SAM-
Servers nach den Vorgaben des KA-Standards dar.

5.4.3 Ausbauoptionen

Wie weiter oben bereits dargestellt, soll das Luxemburger E-Ticket-System mittelfristig
eine grenzüberschreitende Interoperabilität ermöglichen. Die zahlreichen Ein- und Auspendler – allein aus Frankreich sind es täglich um die 6000 – könnten dann mit dem
Luxemburger E-Ticket in ihr Heimatland weiterfahren bzw. mit dem Ticket ihres heimatlichen Verkehrsbetriebs zu ihrer Arbeitsstätte nach Luxemburg gelangen. Diese Interoperabilität sieht eine Verknüpfung der entsprechenden VDV-KA- und Calypso-Funktionen
voraus, um insbesondere die Sperrlisten für die Ticketkontrolle wechselseitig abrufen zu
können.

Ein Problem für die Implementierung der Calypso-Anbindung stellt zur Zeit noch die
Tatsache dar, dass in diesem Standard – im Unterschied zur VDV-KA –noch keine verbindliche Spezifikation für die Hintergrundsysteme und das Sperrlistenmanagement nie-
dergelegt ist.

5.5 Fazit und Ausblick

Mit über 6000 Downloads von Fahrtberechtigungen in den ersten vier Betriebswochen hat
das Luxemburger Handy-Ticketing eine überdurchschnittlich gute Akzeptanz gefunden.
Das neue System ist in zweifacher Hinsicht bemerkenswert: Es handelt sich zum einen
um die erste Realisierung eines VDV-KA-basierten Systems außerhalb von Deutschland,
zum anderen wird durch die vorgesehene Einbindung von Calypso eine sowohl Standards
als auch Grenzen überschreitende Interoperabilität ermöglicht. Luxemburg als Grün-
dungsmitglied der Europäischen Union könnte somit ein Modell für ein künftiges pan-
europäisches E-Ticketing darstellen. Die technischen Möglichkeiten hierzu sind gegeben
– es liegt somit an zukunftsorientierten Verkehrsdienstleistern wie dem Verkéiersverbond,
den nächsten Schritt zu gehen.

6   Multimodal unterwegs – der Mobilitätsassistent als intelligenter Begleiter auf allen Wegen

Thomas Hornig, Reinhard Huschke

6.1   Problemstellung

▶   Multimodale ÖPV-Angebote sollen dem Fahrgast künftig einen vergleichbaren Komfort bieten wie der Individualverkehr, nämlich umstandslos vom Start- zum Zielpunkt zu gelangen. Bei dem von highQ z. Z. entwickelten Mobilitätsassistenten handelt es sich um eine Smartphone-Applikation für iOS und Android, welche sämtliche für ein multimodales Verkehrsangebot benötigten Dienste bereithält; sie ermöglicht eine anbieterneutrale Kombination verschiedener Verkehrsmittel unter Berücksichtigung der aktuellen Verkehrssituation sowie die Ermittlung und Abrechnung des Fahrpreises für die gesamte Fahrtkette.

„Schon wieder verpasst!"- so lautet wohl ein häufiger Gedanke von Nutzern des Öffentlichen Personenverkehrs (ÖPV) angesichts unzuverlässiger Anschlüsse. 20 Prozent der Regionalzüge waren in den Jahren 2010 und 2011 2–3 min verspätet[8]. Jeweils 9 Prozent waren 4–5 Minuten oder sogar 6–10 Minuten verspätet. Wenn man deshalb seinen Anschluss an ein anderes Verkehrsmittel verpasst und zum Beispiel eine Stunde warten muss, umgeben von genervten Menschen und am besten noch in der Kälte stehend, dann ist dies gewiss keine Werbung für den ÖPV. Wüsste man nur eher, dass der Anschluss nicht erreicht wird und man stattdessen am besten an der nächsten Haltestelle in einen Bus umsteigt.

Willkommen im Tarifdschungel!
Zum Thema Verspätungen kommt noch die Komplexität der regionalen Verbünde hinzu. Jede Region hat ihren eigenen Verkehrsverbund, verschiedene Ringe, Tarife und Tickets. Als Fremder ist man dadurch beim Ticketkauf schnell überfordert. Besonders wenn man es eilig hat, wäre es schön, wenn man mit dem von Zuhause gewohnten Ticket fahren oder zumindest sein Handy als Ticketmedium nutzen könnte, um so den relevanten Tarif zu ermitteln. Mehrere Verkehrsunternehmen bieten bereits Apps an, welche die Fahrplanauskunft und teilweise auch den Ticketkauf erleichtern, wie zum Beispiel der Verkéiersverbond Luxembourg (siehe vorheriges Kapitel).

Die Anzahl der Fahrgäste im Nahverkehr nimmt stetig zu. Im deutschen Linienverkehr ist sie von 9,96 Mrd. Passagieren in 2004 auf 10,88 Mrd. in 2012 gestiegen[9]. In Bezug auf

---

[8] http://de.statista.com/statistik/daten/studie/184454/umfrage/verspaetung-der-regionalzuege-in-deutschland/ (28.04.2014).

[9] http://de.statista.com/statistik/daten/studie/182762/umfrage/fahrgaeste-im-nahverkehr-mit-bus-sen-und-bahnen-in-deutschland/ (28.04.2014).

den Personennahverkehr in deutschen Eisenbahnen ist die Zahl in 2012 bei 2,44 Mrd. Passagieren angekommen[10]. Auch die steigende Anzahl an Fernbusunternehmen zeigt, dass sich der Modal Split zumindest ganz langsam in Richtung ÖPV und weg vom motorisierten Individualverkehr (MIV) bewegt. Immer mehr Menschen beachten ökologische Faktoren und steigen auf andere Verkehrsmittel um. Natürlich sind die Zahlen im Vergleich zum MIV relativ klein. Gäbe es nicht die beschriebenen Nachteile des ÖPV, könnten die Nutzerzahlen nach Expertenmeinung noch deutlicher zulegen.

Die highQ Computerlösungen GmbH beschäftigt sich seit Jahren intensiv mit dieser Thematik und arbeitet aktuell an einem Mobilitätsassistenten, der diese Probleme entschärfen soll. Durch Integration in eine Smartphone-Applikation wird er dem Nutzer dabei helfen, den nach seinen Präferenzen besten Weg zu finden und gleichzeitig komfortabel Tickets für die verschiedenen dafür benötigten Verkehrsmittel zu kaufen.

6.2 Entstehung der Idee

Bereits in den Jahren 2007 und 2008 waren die Ansätze und die Technologie für einen intermodalen Mobilitätsassistenten in Teilen erkennbar. Voraussetzung hierfür sind einerseits leistungsfähige Endgeräte und andererseits offene, standardisierte Auskunfts- und Tarifdatenservices sowie E-Ticketing-Prozesse. In Bezug auf die Services muss man leider sagen, dass es diese bis heute noch nicht gibt. Es bestehen aktuell noch zu viele Unterschiede in den Systemen. Mit dem Standard eTicket Deutschland und der Smart Ticketing Alliance wurde in Europa jedoch bereits ein großer Schritt in Richtung einheitlicher Standards getan.

Die highQ Computerlösungen GmbH stieg im Jahr 2008 richtig in das Thema eTicket Deutschland ein. Damals sprach man noch von der „VDV-Kernapplikation" oder kurz VDV-KA. In diesem Projekt entwickelte highQ als Unterauftragnehmer im Rahmen des Forschungsauftrags „Rules & Regulations" (kurz „R&R") der VDV-KA die Pilotanwendung eines interoperablen Sperrlistenservices (KOSE-P). Zeitgleich übernahm highQ die Weiterentwicklung der Software „TicketOffice" vom KreisVerkehr Schwäbisch Hall und führte diese mit den hauseigenen Produkten zusammen. Damit waren wesentliche Bestandteile eines VDV-KA-konformen Hintergrundsystems umgesetzt.

Außerdem entwickelte highQ im Jahre 2008 eine erste NFC-Kontrollapp für Symbian-Series-40-NFC-Geräte (z. B. Nokia 6131 NFC). Dies geschah im Rahmen eines gemeinsamen Projektes mit der DB Autozug Sylt für die Kontrolle von Mifare-Chipkarten auf den Verladeterminals in Niebüll und Westerland. Hierzu muss man wissen, dass das heute weit verbreitete Betriebssystem Android erst am 21. Oktober 2008 offiziell verfügbar wurde und Symbian zuvor noch einen Marktanteil von fast 45 % hatte.

---

[10] http://de.statista.com/statistik/daten/studie/2185/umfrage/befoerderte-personen-im-nahverkehr-in-deutschland/ (28.04.2014).

Zwei Jahre später, im Jahr 2010, wurde im Freiburger Softwareunternehmen das erste Mal vom Projekt „mobile travel" gesprochen, welches in der ersten Idee auf Reisende im Fernverkehr fokussiert war. Im Laufe der Zeit wurde dann daraus der „mobile traveller" und im Jahr 2012 schließlich die Android/iOS-App „mytraQ". Dieses Produkt schließt nicht nur den Fernverkehr ein, sondern soll alle alltäglichen Mobilitätsanforderungen integrieren.

Diese Entwicklung resultierte vor allem aus dem Aufkommen der intermodalen Nutzungsanforderungen an den öffentlichen Verkehr durch die „Nationale Plattform Elektromobilität (NPE)" der Bundesregierung ab 2010. Im gleichen Zeitraum wurden die E-Ticketing-Fördermittel für den ÖPNV ersatzlos gestrichen, sodass ein Mobilitätsassistent auch innerhalb der Verkehrsverbünde für viele Nutzer als sehr sinnvoll erschien.

6.3   Die Vision

Multimodale ÖPV-Angebote sollen dem Fahrgast künftig einen vergleichbaren Komfort bieten wie der MIV, nämlich umstandslos vom Start- zum Zielpunkt zu gelangen. Wenn die beschriebenen Voraussetzungen auf Anbieterseite gegeben sind, muss dieses Angebot auch auf Nutzerseite ein entsprechendes Interface erhalten. Diese Aufgabe soll der bei highQ in der Entwicklung befindliche Mobilitätsassistent „mytraQ" erfüllen. Dabei handelt es sich um eine Smartphone-Applikation für iOS und Android, welche sämtliche für ein integriertes, multimodales Verkehrsangebot benötigten Dienste bereithält.

Eine anbieterneutrale Auskunft errechnet die optimale Verbindung zum Ziel, wobei die aktuelle Verkehrslage sowie Verspätungen berücksichtigt werden, und liefert eine Preisauskunft inklusive Möglichkeit des Ticketkaufs für die integrierte Wegekette (Abb. 2). Dabei berücksichtigt die App auch neuartige Verkehrs- und Dienstleistungsanbieter, beispielsweise Carsharing- und Bikesharing Dienstleister, sowie andere Mobilitätsanbieter, soweit diese in das System integriert sind. Dem Fahrgast wird somit eine Wegekette „aus einem Guss" angeboten, die hinsichtlich Flexibilität und Komfort mit dem vom MIV gewohnten Standard konkurrieren kann (Abb. 19).

6.4   Die bisherige Umsetzung

In vielen ländlichen Gebieten können öffentliche Verkehrsanbieter ihre Transportmittel nicht mit voller Kapazität auslasten. Deshalb setzen sie bedarfsgerechte Verkehrslösungen wie Rufbus-Systeme ein. Reisende können eine Servicehotline anrufen und darüber einen Platz in einem bestimmten Bus reservieren. Die Implementierung von standardisierten Ticketautomaten und Kontrollterminals ist jedoch in kleinen Bussen sehr zeit- und kostenintensiv. Das Handyticketing stellt hierfür eine praktikable und kostengünstige Alternative dar.

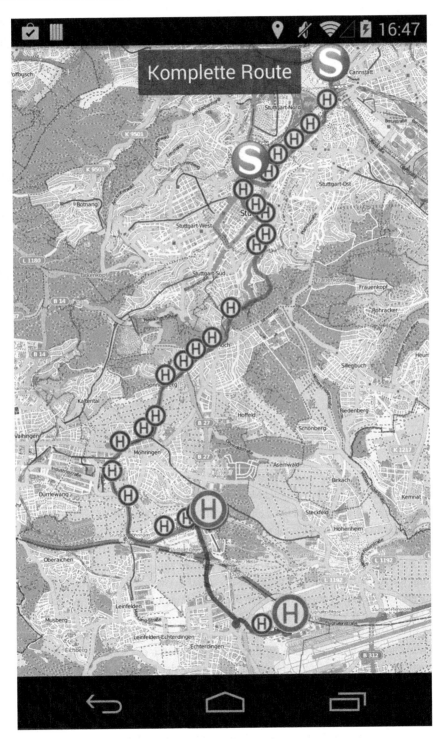

Abb. 19 1 mytraQ ermittelt die komplette Fahrtroute und zeigt sie auf einer Karte an

Abb. 20 Durch Eingabe der
zwei Reisepunkte ermittelt
mytraQ die verschiedenen
Reisemöglichkeiten

Die Applikation mytraQ ermöglicht Kunden einen komfortablen Ticketerwerb und den Fahrern eine einfache Kontrolle der Fahrtberechtigungen. Es ist die erste App in Deutschland, die sowohl 2D-Barcodes als auch Chipfahrkarten auslesen kann und gleichzeitig noch VDV-KA-konform ist. Der Kontrolleur kann die Chipkarte an sein Smartphone halten und bekommt direkt die relevanten Informationen zur Gültigkeit des Tickets. Zusätzlich kann die App als Check-in/Check-out-Terminal verwendet werden (z. B. in Ruftaxis in Schwäbisch-Hall) und verfügt über ein Sperrlistenmanagement, welches dem Fahrtpersonal das Blockieren von Chipkarten ermöglicht.

Auf diese Weise vereinfacht mytraQ die Ticketing- und Kontrollprozesse sowohl für die Verkehrsunternehmen als auch für deren Kunden. Durch die einfache und komfortable Nutzung des Mobilitätsassistenten sollen Letztere von der Nutzung öffentlicher Verkehrsmittel überzeugt werden, vgl. Abb. 20.

Aber die Nützlichkeit von Handyticketing ergibt sich nicht nur in kleinen Städten und ländlichen Gegenden: Jüngst hat das Großherzogtum Luxemburg ein landesweites Handyticketing mit der App „M-Ticket" eingeführt, das auch die Hauptstadt Luxemburg umfasst.

Abb. 21 Der Kunde kann zwischen den verschiedenen Verbindungen auswählen

highQ hat die Smartphone-App und das dazugehörige Hintergrundsystem entwickelt. Nun können Reisende in Luxemburg und künftig auch Ein- und Auspendler aus den Nachbarländern einfach per Handy ihre Tickets kaufen.

In der aktuellen Version von mytraQ können Nutzer den Start-und Zielpunkt Ihrer Route eintragen. Dies kann auch per Voice-Ansage oder durch Ermittlung des Standortes per GPS geschehen. Auf Knopfdruck ermittelt mytraQ dann die verschiedenen Reisemöglichkeiten.

Wie in Abb. 21 zu sehen ist, zeigt die App auch die genauen Details der Route an: die Verkehrsmittel, die Umsteigezeiten etc. Dies wird durch eine elektronische Fahrplanauskunft ermöglicht. mytraQ ist zusätzlich nicht nur auf ein Verkehrsmittel beschränkt. Je nach Kooperationspartnern des Verkehrsverbundes zeigt es auch Fahrten mit Bussen, Zügen und Carsharing-Angeboten an.

Um sich die Route besser vor Augen zu führen, kann sich der Kunde das Angebot auf der Karte anzeigen lassen (siehe Abb. 22).

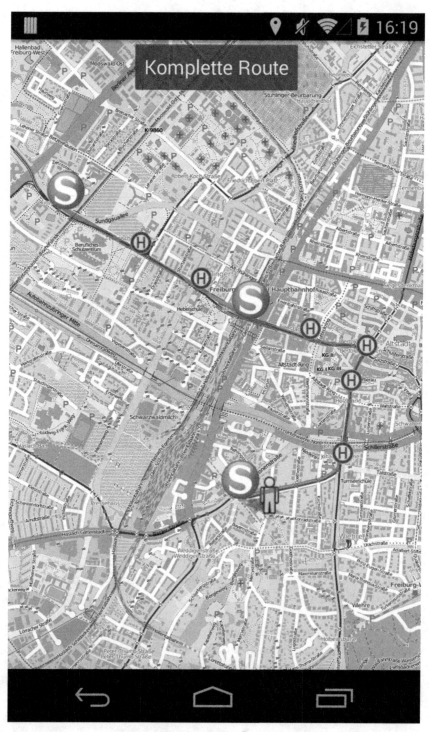

Abb. 22 Routenansicht mit einzelnen Haltestellen

Sobald eine Verbindung ausgewählt ist beginnt der Ticketkauf. Entweder kann der Kunde seine Berechtigung auf seine vom Verbund ausgestellte Chipkarte speichern oder er erhält sie als Barcode auf sein Smartphone. Der Kauf kann zum Beispiel über die monatliche Abrechnung des Verbundes laufen oder wie in Luxemburg über externe Bezahldienstleister. Und falls der Kunde nicht mehr weiß bis wann sein Ticket gültig ist, kann er dies mit der Kontrollfunktion von mytraQ wieder herausfinden.

Diese Kontrollfunktion haben die Kontrolleure in etwas detaillierterer Form. Sie nutzen den Kontrollmodus von mytraQ, der ihnen einen schnellen und sicheren Kontrollprozess ermöglicht. Zusätzlich können sie durch das Sperrlistenmanagement ungültige Karten direkt aus dem Verkehr ziehen.

6.5   Fazit

Zusammenfassend lässt sich sagen, dass mytraQ eine innovative Smartphone-Applikation ist, welche zukünftig die Mobilität der Nutzer öffentlicher Verkehrsmittel deutlich vereinfachen wird. Weitere Informationen finden Sie auch unter www.mytraQ.de

Da ein Bild bekanntlich mehr sagt als tausend Worte haben wir mytraQ ein Video gewidmet. Dies können Sie sich auch auf der oben genannten Homepage anschauen. Testversionen der App sind auf Google Play, AndroidPIT und im Apple App-Store verfügbar.

T-City Friedrichshafen – Mit IT-Lösungen in die Zukunft

Stefan Söchtig

▶ Im Rahmen des Best Practice-Preises von Telematik in Kommunen hat das T-City Projekt KindergartenOnline im Jahr 2012 den ersten Platz in der Kategorie mittlere Städte bis 250.000 lEinwohner belegt.
Im Folgenden wird aufgezeigt, was hinter T-City, dem Gemeinschaftsprojekt von Deutscher Telekom und der Stadt Friedrichshafen seit 2007 steckt und welche Funktionen das prämierte Kindergartenportal beinhaltet.

1 Der Wettbewerb

Alles begann mit einer Pressekonferenz am 31. Mai 2006 in Berlin: An diesem Tag startete der Wettbewerb der Deutsche Telekom AG, bei welchem die Stadt der Zukunft gesucht wurde. Aufgerufen waren rund 400 Städte in Deutschland mit 25.000 bis 100.000 Einwohnern, sich als „T-City" zu bewerben. Interessierte Kommunen hatten bis Ende Oktober 2006 die Gelegenheit, sich mit Bürgern, sozialen Gruppen und Unternehmen sowie städtischen Institutionen zusammenzuschließen, um dann eine aussagekräftige Bewerbung mit eigenen Vorschlägen und Projektideen einzureichen. Bei dieser Bewerbung sollte die gesamte Stadt als urbaner Lebensraum im Mittelpunkt stehen.

Nachdem die 52 Bewerbungen, die bis zum Einsendeschuss eingegangen waren, von den Wissenschaftlern des geographischen Institut der Universität Bonn ausgewertet wurden, wählte eine unabhängige elfköpfige Jury von Vertretern aus Medien, Wirtschaft, Wissenschaft und Politik am 1. Dezember 2006 zehn Kandidaten für die Endrunde aus:

S. Söchtig (✉)
Friedrichshafen, Deutschland
E-Mail: soechtig@fn-dienste.de

© Springer Fachmedien Wiesbaden 2015
M. Sandrock (Hrsg.), *Intelligente Verkehrssysteme und Telematikanwendungen in Kommunen*,
DOI 10.1007/978-3-658-05856-2_3

Arnsberg, Coburg, Frankfurt (Oder), Friedrichshafen, Görlitz, Kaiserslautern, Kamp-Lint-fort, Neuruppin, Osterholz-Scharmbeck und Schwäbisch Hall. Bis Ende Januar 2007 er-hielten diese Kommunen die Möglichkeit, ihre Bewerbungsunterlagen zu überarbeiten. Nach deren Sichtung und Auswertung sowie Besuchen in allen Städten der Endrunde fiel im Februar 2007 dann die Entscheidung: Friedrichshafen wurde T-City.

2   Austragungsort Friedrichshafen

Mit dem Gewinn des T-City Wettbewerbs kamen zwei Partner zusammen, die in ihren Strukturen kaum unterschiedlicher sein könnten. Auf der einen Seite die Deutsche Tele-kom AG, ein DAX-Unternehmen mit entsprechenden Konzernstrukturen und einer auf unternehmerischen Erfolg ausgerichteten Vorgehensweise und auf der anderen Seite die Kommune Friedrichshafen.

Friedrichshafen ist heute mit seinen knapp 57.000 Einwohnern die zweitgrößte Stadt am Bodensee sowie Universitäts- und Kreisstadt des Bodenseekreises. Um die örtlichen Gegebenheiten und Friedrichshäfler „Eigenheiten" nachvollziehen zu können, soll ein kurzer Überblick über die Stadtgeschichte gegeben werden – denn Friedrichshafen blickt mittlerweile auf eine zweihundertjährige Historie zurück.

Das heutige Wappen von Friedrichshafen – mit Buche und Horn – zeugt von der Entste-hungsgeschichte der Stadt: Friedrichshafen entstand im Jahre 1811 durch den Zusammen-schluss der freien Reichsstadt Buchhorn mit dem nahegelegen Dorf und Kloster Hofen. Der Name leitet sich aus der Lage der Stadt am nördlichen Bodenseeufer und dem ersten Württembergischen König Friedrich I (1754–1816) ab, unter dessen Herrschaft die Stadt stark florierte. Wirtschaftlich profitierte Friedrichshafen zu dieser Zeit von seiner Stellung als privilegierter Freihafen und Warenumschlagsplatz für den Handelsverkehr mit der Schweiz. Dieser wirtschaftliche Aufschwung lockte natürlich auch neue Einwohner in die Stadt und im 19. Jahrhundert wurde Friedrichshafen auf Grund seiner schönen Lage zum Sommersitz der württembergischen Könige. Hierzu wurde das ehemalige Kloster Hofen zum Schloss umgebaut. Die Anwesenheit der württembergischen Monarchen lockte auch andere Adlige und politische Funktionäre an den See, die sich dort ebenfalls Sommerre-sidenzen errichten ließen. Die Etablierung von Friedrichshafen als temporärem Wohnort der gehobenen Gesellschaft, brachte auch die ersten Ausflügler und Touristen in die Stadt.

Dass Friedrichshafen schon immer Pioniergeist besaß, spiegelte sich auch 1824 in der Indienstnahme des Dampfschiffes Wilhelm wieder, welches auf der Linie zwischen Fried-richshafen und Romanshorn verkehrte und damit die erste regelmäßige Schiffsverbindung auf dem Bodensee darstellte.

Ab 1869 fuhren dann auch Eisenbahnfähren auf dem See, die Züge mitsamt ihren Gü-tern verluden und von Friedrichshafen in die Schweiz (Romanshorn) beförderten.

Die industrielle Geschichte der Stadt ist vor allem durch Ferdinand von Zeppelin ge-prägt: Ende des 19. Jahrhunderts siedelte der Graf die Produktion seiner nach ihm benannten Luftschiffe in Friedrichshafen an und am 2. Juli 1900 erhob sich das erste Luftschiff – der LT1 – über Friedrichshafen. Trotz oder gerade wegen einiger Fehlversuche und Rückschläge entwickelten die Friedrichshafener große Sympathie für den zukunftsorientierten Grafen und seine Zeppeline.

Die auf Zeppelins Initiative gegründete „Luftfahrtbau Motoren GmbH" übersiedelte 1912 von Bissingen an der Enz nach Friedrichshafen. Die Leitung des Unternehmens übernahm Karl Maybach, der Sohn des bekannten Automobilkonstrukteurs Wilhelm Maybach.

Die Forschung und Weiterentwicklung der Zeppeline führte im Jahr 1915 zur Gründung der „Zahnradfabrik Friedrichshafen" (ZF), die für die Herstellung präziser Zahnräder zuständig war (und bis heute ist) und somit die Erfüllung der sich ständig weiterentwickelnden und innovativen Ansprüche der Luftschiffbauer zur Aufgabe hatte.

Auch die Entstehung des Flugzeugbauers Dornier ist eng mit der Geschichte der friedrichshäfler Zeppeline verknüpft: Claude Dornier übernahm im Jahr 1922 das Dornier-Büro, welches sich im Hause Zeppelin mit dem Bau von Metallflugzeugen beschäftigte. Aus dieser Zusammenarbeit gingen später die Dornier Werke hervor.

Diese ortsansässige Industrie machte Friedrichshafen im Zweiten Weltkrieg zum Ziel von Luftangriffen und so wurde die Stadt im Kriegsverlauf zu zwei Dritteln zerstört. Ebenfalls zwei Drittel der Bevölkerung waren bis Kriegsende evakuiert worden oder hatten sich selber Unterkünfte in den ländlichen Regionen um Friedrichshafen herum gesucht.

Nach dem Zweiten Weltkrieg wurden die „Luftschiffbau Zeppelin GmbH" und die „Dornier-Werke" zwangsaufgelöst, infolgedessen viele Menschen ihren Arbeitsplatz verloren. Die „Zahnradfabrik" und die „Maybach Motorenbau" (später MTU) konnten jedoch gerettet werden.

1908 gründete Graf Zeppelin eine Stiftung zur Förderung des Luftschiffbaus. Gesetz des Falles, dass dieser ursprüngliche Zweck nicht mehr erfüllt werden könne – was ja seit der Einstellung des Luftschiffbaus der Fall war – sollte die Stiftung an die Stadt Friedrichshafen übergehen, die die Erträge der Zeppelin-Stiftung für wohltätige Zwecke einsetzen sollte. Dies ist seit 1947 der Fall.

In den 1970er Jahren wurde damit begonnen, die städtische Infrastruktur auszubauen und zu verbessern: Es entstanden zahlreiche Bildungseinrichtungen (öffentliche Schulen, Musikschule, Volkshochschule, das Berufsschulzentrum, etc.) und das Zeppelinstadion, die Bodenseesporthalle und das Hallenbad wurden in dieser Zeit eröffnet.

Auch heute noch zählen Unternehmen, die ihre Ursprünge im Luftschiffbau haben, zu den größten und wichtigsten Arbeitgebern der Region.

Neben dem Industriestandort mit eigenem Flughafen hat sich Friedrichshafen auch als Messestandort etabliert und nennt sich daher gerne Messe- und Zeppelinstadt. Nicht zuletzt wegen der positiven Arbeitsplatzsituation und der ansprechenden Lage am Bodensee zählen Friedrichshafen und der Bodenseekreis inzwischen zu einer stark frequentierten Wachstumsregion.

3 Das Gesamtprojekt

Die Zusammenarbeit mit dem Großkonzern Deutsche Telekom war und ist für die Stadt Friedrichshafen eine lehrreiche und bedeutsame Zeit, in der zukunftsweisende Strukturen geschaffen wurden. Fünf Jahre lang, von 2007 bis 2012, war die Stadt am Bodensee unter dem Motto „T-City Friedrichshafen. Wir leben Zukunft." Innovationswerkstatt und Partner der Deutschen Telekom. Gemeinsam mit Verwaltung, Wissenschaft, Unternehmen, Vereinen und Bürgern wurden fortschrittliche Ansätze entwickelt, um die Herausforderungen einer Stadt, etwa alternde Bevölkerung, transparente Verwaltung, Energiewende und vernetzte Verkehrssysteme mit moderner Informations- und Kommunikationstechnologie besser zu lösen.

Aufgrund der positiven Erfahrungen aus der Zusammenarbeit von Stadt und Deutsche Telekom AG haben die beiden Partner ihre erfolgreiche Zusammenarbeit seit Anfang 2012 fortgesetzt. Ziel ist es, mit „Telekom-City Friedrichshafen" an die bisherigen Erfolge anzuknüpfen und bis 2015 weitere Lösungen für die Städte und Regionen der Zukunft auf den Weg zu bringen.

Voraussetzung für die Entwicklung und Nutzung dieser innovativen Lösungen war ein umfassender Ausbau der Breitband-Infrastruktur im Festnetz und Mobilfunk. Hierfür wurden zu Projektbeginn 120 km Glasfaser verlegt, so dass Friedrichshafen seit Ende 2007 flächendeckend mit HSDPA und VDSL versorgt ist, 98,4 % der Haushalte sind angebunden. Damit wurde ein wichtiger Grundbaustein für die Realisierung des T-City Projektes gelegt.

3.1 Die Projektfelder

Während der fünfjährigen Projektlaufzeit von T-City Friedrichshafen wurden mehr als 40 Projekte realisiert. Diese verteilten sich auf sechs Projektfelder (s. Abb. 1), mit denen nahezu alle Lebensbereiche einer Stadt abgebildet werden sollten.

Bürger, Stadt und Staat Unter dem Stichwort eGovernment wurden in diesem Projektfeld Verwaltungsprozesse optimiert sowie mehr Transparenz und qualifizierter Service für die Bürger und Unternehmen Friedrichshafens geschaffen.

Gesundheit und Betreuung In diesem Projektfeld wurden Verfahren zur Verbesserung der medizinischen Versorgung getestet – etwa im Bereich Telemedizin für die Betreuung von chronisch Kranken wie Diabetikern oder Herzpatienten. Erprobt wurden ebenfalls Technologien, die das Leben im Alter erleichtern sollen.

Wirtschaft und Arbeit Zu diesem Projektfeld gehörten innovative Lösungen im Bereich „mobiles und vernetztes Arbeiten" sowie das Energieprojekt „Smart Metering".

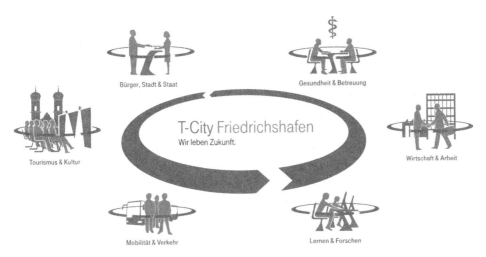

Abb. 1 Die Projektfelder von T-City Friedrichshafen

Lernen und Forschen Zum Projektfeld gehörten Angebote, die Schülern und Lehrern den flexiblen Zugriff auf unterschiedliche Lerninhalte ermöglichten. Durch die Vernetzung von Bildungs- und Wissensangeboten für die Lernenden aller Altersklassen sollte eine Erleichterung des Informations- und Lernprozesses geschaffen werden.

Mobilität und Verkehr Das Projektfeld erforschte neue Dienstleistungsangebote und Mobilitätslösungen.

Tourismus und Kultur Die Angebote in diesem Projektfeld nützten Bürgern und Besuchern von Friedrichshafen, z. B. durch die Verbesserung des Zugangs zur Informationen des regionalen Kulturangebots – beispielsweise das „Tourismusportal". Da die Bodenseeregion mit rund sechs Millionen Übernachtungen zu den bekanntesten und stärksten Tourismusregionen Baden-Württembergs und Süddeutschlands gehört und viele Unternehmen und Vereine sich auf diesen Berufszweig eingestellt haben, profitierten von diesem Angebot nicht nur die Menschen, die als Touristen in die Bodenseemetropole kommen, sondern auch ortsansässige Betriebe.

3.2 Organisatorisch

Das Projekt T-City wurde durch das Advisory Board, bestehend aus Vertretern der Deutschen Telekom, der Stadt Friedrichshafen sowie der regionalen Wirtschaft, überwacht und gesteuert. Diese Art Aufsichtsrat war die Grundlage für das erfolgreiche Projektmanagement. Der kontinuierliche Zugang zu den Entscheidungsträgern sicherte den Projekterfolg.

Durchgeführt wurden die Projekte von starken Teams auf Seiten Deutsche Telekom und Stadt Friedrichshafen. Beide Partner haben Projektfeldleiter ins Rennen geschickt, die als Profis auf ihrem Gebiet die Projekte mit sehr viel Expertise vorangetrieben haben. Das aufgebaute Projektmanagement hat eine Schnittstelle zwischen Verwaltung, Unternehmen und Bürgern geschaffen und lässt aus Ideen Produkte werden, die für Transparenz sorgen und die Effektivität erhöhen.

Unterstützt wurden die Projektleiter dabei durch das T-City Projektbüro, das sich im Herzen von Friedrichshafen befindet. Dort liefen und laufen alle Fäden des Projekts zusammen; es ist die zentrale Anlaufstelle für Bürger und Besucher. Das Projektteam besteht aus Mitarbeitern der FN-Dienste GmbH und der Deutschen Telekom. Die FN-Dienste GmbH ist eine hundertprozentige Tochter der Stadt Friedrichshafen. Sie wurde im Jahr 2000 unter dem Namen „Virtueller Marktplatz Region Friedrichshafen GmbH" gegründet. Die Projektkoordination aller T-City Projekte erfolgt auf Seiten der Stadt Friedrichshafen durch das Head Office, angesiedelt in der FN-Dienste GmbH. Daneben betreut das Unternehmen den Internetauftritt der Stadt Friedrichshafen und einer ganzen Reihe von städtischen Institutionen, die unter „www.friedrichshafen.de" ihren Online-Auftritt haben.

Zu den Aufgaben des Projektbüros gehört neben der Betreuung der Projekte auch die Kommunikation über Ziele und Inhalte des Projekts.

3.3   Ziele

Ziel des Projektes war es, neue und nutzbringende Informations- und Kommunikationsangebote zu machen, sowohl für alle Bürger, Unternehmen als auch für die Vielzahl der Touristen, die jährlich die Bodenseemetropole besuchen.

Neben diesem gemeinschaftlichen Ziel verfolgten beide Partner jedoch auch individuelle Interessen:

Ziele Telekom:

- Demonstration der gesellschaftlichen Mehrwerte durch innovative IKT-Technologien
- Aufzeigen der Chancen und Potentiale durch bessere Kommunikationsmöglichkeiten, technische Vereinfachungen, Zeit- und Geldersparnis sowie Ressourcenschonung
- Aufzeigen der entstehenden Synergien
- Aufzeigen der Vision vom vernetzten Leben und Arbeiten
- Erleichtern des täglichen Lebens und einen spürbaren Nutzen in allen Lebensbereichen schaffen

Ziele Stadt:

- Transparenz gegenüber Bürgern schaffen
- Zugang zu Informationen gewähren und vereinfachen
- Einbezug der lokalen Wirtschaft
- Förderung des Wirtschaftsstandorts Friedrichshafen
- Internationale Bekanntheit (Werbeeffekte für die Wirtschafts- und Tourismusstadt Friedrichshafen)

- Edunex
- EduKey

- Selbstbestimmtes Leben
- Mobile Visite
- BIGKidsCoach
- derBUTLER
- BodyTel
- T-Mobile Alarmruf
- Tumorkonferenz
- Diagnostikportal

- Smart Grid
- Smart Metering
- HomeNetwork 2.0
- Ddesk
- G/On
- MobileWorkerBundle

- Interaktives Wandern
- Suche.mobi
- Gehörlosentelefonie
- Tourismusportal
- Multimediaterminals
- Media-Hotel
- Schwäbische.de @ Entertain
- Digitaler Bilderrahmen
- CityInfo

- flinc
- KatCard
- GPS Hilferuf

- Anliegenmanagement
- Behördennummer 115
- De-Mail
- Kindergarten Online
- EU-DienstleistungsRL

Abb. 2 Die Einzelprojekte

4 Die Einzelprojekte

Während der gesamten Laufzeit von T-City Friedrichshafen wurden über 40 Einzelprojekte umgesetzt. Sie verteilten sich auf sechs Projektfelder aus nahezu allen Lebensbereichen einer Stadt:

(Auszug s. Abb. 2)

Eines der Projekte im Bereich Bürger, Stadt und Staat ist KindergartenOnline. Die Plattform belegte im Rahmen des Best-Practice-Wettbewerbs 2012 von Telematik in Kommunen den ersten Platz und wird im Folgenden genauer dargestellt. Die Beschreibung entspricht dem Stand von 2012.

5 KindergartenOnline

Mit dem Angebot KindergartenOnline wurde das Leben für Eltern, die in Friedrichshafen einen Kindergartenplatz suchen, einfacher: Dank des webbasierten Portals, das T-City gemeinsam mit dem Amt für Bildung, Familien und Sport, den Friedrichshafener Kindertagesstätten und in einer späteren Stufe auch deren Trägern entwickelt hat, können sich Mütter und Väter bequem via Internet über die verschiedenen Einrichtungen informieren und ihre Kinder direkt in bis zu drei Einrichtungen vormerken lassen. Damit wurde die Auswahl einer Einrichtung und die Anmeldung der Sprösslinge erheblich vereinfacht. Aber auch die Kindergärten profitieren von KindergartenOnline: Die modulare Lösung erleichtert die internen Verwaltungs- und Planungsprozesse und schafft mehr Transparenz.

So kann z. B. die Gruppenzusammensetzung oder die Einteilung der Mitarbeiter schneller und einfacher abgebildet werden. Zusätzlich lassen sich interne Verwaltungsabläufe leichter koordinieren. Damit die Kindergärten nicht erst in teure Software investieren mussten, stellte T-City das System zentral via Internet zur Verfügung. Die Kindergärten benötigten lediglich einen Rechner mit Internet-Zugang.

5.1 Ausgangspunkt für das Projekt

Die Organisation von Betreuungsplätzen gestaltete sich für die Stadtverwaltung und die Einrichtungen zunehmend problematisch: Die Eltern meldeten ihr Kind häufig in verschiedenen Kindergarteneinrichtungen an. War kein Platz verfügbar, wurde das Kind auf einer Warteliste in den jeweiligen Einrichtungen vermerkt. Erfolgte jedoch die Aufnahme des Kinds in einer Einrichtung, blieb der Name des Kindes mangels Informationsaustauschs zwischen den Einrichtungen häufig auf den übrigen Wartelisten stehen. Diese „Mehrfachvormerkung" erweckte den Eindruck, dass in der Stadt nicht genügend Plätze vorhanden seien. Da der Abgleich von Wartelisten der 37 Kindergarteneinrichtungen mit 121 Gruppen und 2204 Plätzen nahezu unmöglich war, sollte dieses Problem durch den Einsatz eines IT-gestützten Verfahrens vermieden werden.

Vorhandene Softwarelösungen deckten zum damaligen Zeitpunkt nur Teilaspekte des Gesamtspektrums der Kindergartenverwaltung ab und waren oft Individuallösungen für einzelne Kommunen.

Die geplante Plattform sollte hingegen die Anforderungen ganzheitlich betrachten. Dabei wurden im ersten Schritt die Anforderungen der Nutzergruppen Eltern, Kindergärten, Verwaltung und die daraus resultierenden Services und Prozessbausteine generalisiert. Dies war möglich, da (bei allen Unterschieden in der konkreten Arbeitsweise der einzelnen Kommunen) elementare Arbeitsschritte identisch sind.

Im zweiten Schritt wurden auf der Prozess- und Service-Plattform (PSP) die identifizierten Basisbausteine zu komplexen Prozessen orchestriert. Diese können ebenfalls allgemeingültige Eigenschaften und/oder hohe Individualanteile aufweisen. Durch die Verwendung von festen und kombinierbaren Basisbausteinen gelingt die Erstellung von komplexeren Prozessen recht einfach und schnell.

5.2 Ziele

Ziel von KindergartenOnline war es, die Prozesse rund um die Vergabe und Organisation von Betreuungsplätzen sowohl für Eltern, für die Kindergärten und die städtische Verwaltung zu vereinfachen. Gleichzeitig sollte das webbasierte System dazu beitragen, einen besseren Überblick über den Bedarf an Betreuungsplätzen in Friedrichshafen zu schaffen.

5.3 Elternportal

Das Elternportal ist ein öffentlich zugängliches Webportal, das Eltern über die Angebote aller Einrichtungen informiert. Hier können Eltern per Formulareintrag Vormerkungen anlegen. Auf www.kindergarten.friedrichshafen.de erfahren Eltern, wo sich die Kindergärten befinden, welche Betreuungszeiten angeboten werden oder welches pädagogische Konzept die jeweilige Einrichtung vertritt. Sämtliche Informationen wie Kontaktdaten, Lage, Träger, Profil der Einrichtung, Maßnahmen und Schließzeiten liegen gebündelt vor und werden von den Einrichtungen selbst aktualisiert. Haben die Eltern schließlich eine (oder mehrere) Einrichtungen gefunden, die ihnen zusagt, können sie eine Vormerkung für ihr Kind per Mausklick für maximal drei Kindergärten einrichten und die Einrichtungen zusätzlich nach persönlicher Vorliebe priorisieren. Die Anfrage wird zunächst an die erste Kita gesendet. Sollte dort kein Platz mehr frei sein, leitet dieser Kindergarten die Anfrage an die nächste ausgewählte Einrichtung weiter.

Das Portal (s. Abb. 3) enthält als Hauptinhalte eine Gesamtübersicht der Kitas als Liste, eine Kartenübersicht, Detailansichten für einzelne Kitas sowie das Vormerkungsformular.

Kita Übersicht-Liste (s. Abb. 4): Die Liste enthält eine Spalte mit dem Einrichtungsnamen und ist sortierbar. Voreingestellt ist die alphabetisch aufsteigende Sortierung. Überschreitet die Anzahl der Zeilen die vordefinierte Anzahl der möglichen Listeneinträge, wird die Liste umgebrochen und es kann durch die Seiten navigiert werden. Beim Klicken auf einen Namen in der Liste werden im Detailfenster die Daten zu der Kita angezeigt.

Erweiterte Suche (s. Abb. 5): Enthält erweiterte Suchkriterien für die Kitasuche wie z. B. Träger, Betreuungsform, Altersstufe, Wochenwunschbetreuungsstunden, Entfernung zum Wohnort.

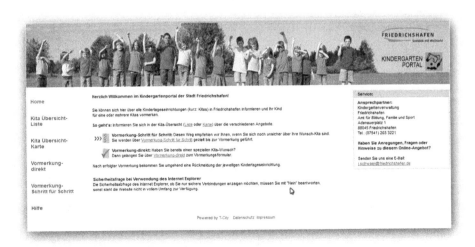

Abb. 3 Portal KindergartenOnline

Abb. 4 Kita Übersicht-Liste

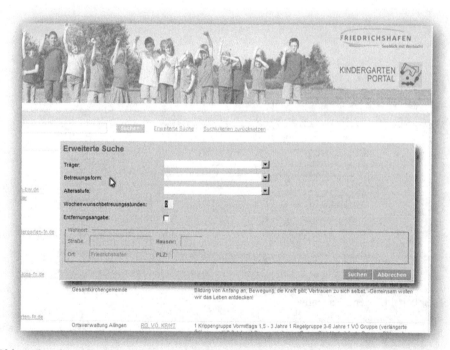

Abb. 5 Erweiterte Suche

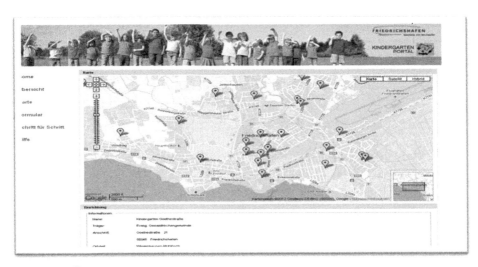

Abb. 6 Kita Übersicht-Karte

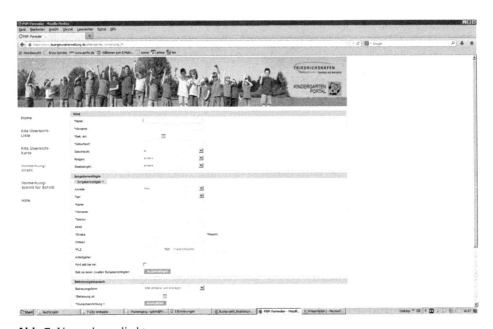

Abb. 7 Vormerkung direkt

Kita Übersicht-Karte (s. Abb. 6): Alle ausgewählten Kitas werden geographisch korrekt positioniert dargestellt.

Vormerkung direkt (s. Abb. **7**): In diesem Bereich befindet sich das Vormerkungsformular für diejenigen, die bereits wissen, in welchen Einrichtungen das Kind angemeldet werden soll.

Abb. 8 Hilfe

Eine Alternative ist die Vormerkung Schritt für Schritt Dieser Weg hilft Eltern Schritt für Schritt durch den Prozess der Auswahl einer Einrichtung bis zur Vormerkung. Die Eingabe der geforderten Daten zu Kind und Erziehungsberechtigten ist erforderlich.

Hilfe (s. Abb. 8): Hier werden unter anderem sämtliche Abkürzungen, die benutzt werden, erläutert.

5.4 Weitere Portale

Neben dem Elternportal gehören zu KindergartenOnline ein Verwaltungs-, ein Träger- und ein Administrationsportal mit unterschiedlichen Funktionen.

Das **Trägerportal** ist ein internes Portal, das nur für die Nutzergruppe Träger zugänglich ist. Hier werden Statistiken beschrieben, die die Träger zu den ihnen zugeordneten Einrichtungen erstellen und betrachten können. Die Prozesse reichen von der Anmeldung über Planung und Platzvergabe bis hin zur Anwesenheitserfassung.

Das **Verwaltungsportal** (s. Abb. 9) ist das Kernstück für die Verwaltung und Bearbeitung der Daten zu Kindern, Erziehungsberechtigten, Einrichtungen mit Gruppen, Personal und weiteren relevanten Angaben.

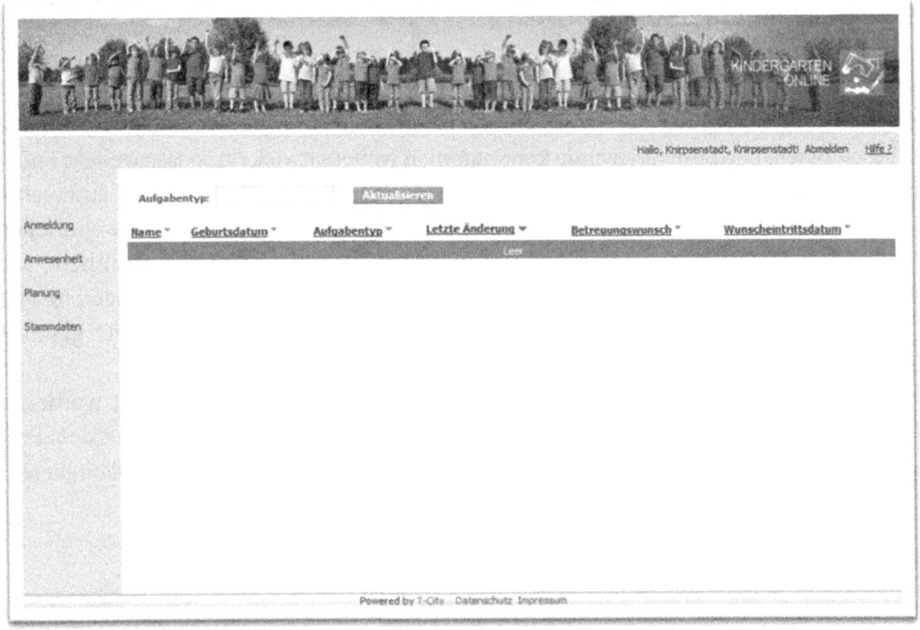

Abb. 9 Verwaltungsportal

Anmeldung Im Bereich Anmeldung können alle erforderlichen Daten für die Anmeldung eines Kindes erfasst bzw. die von den Eltern gemeldeten Daten angezeigt werden. Eine tabellarische Anzeige der daraus resultierenden Datensätze zu den vorgemerkten Kindern ermöglicht eine schnelle Übersicht, welche Schritte als nächstes erforderlich sind.

Anwesenheit Neben der Bestandsverwaltung stellt die Anwesenheitsverwaltung Mittel zur Eingabe und Überwachung der Betreuung durch die Einrichtungen bereit und liefert umfangreiche Reportfunktionalitäten für diese Daten.

Planung Es werden sowohl die Kita-Gruppen mit ihren Kapazitäten, Altersstufen, Betreuungsaufwand usw. als auch die Einteilung der Kita-Mitarbeiter geplant.

Stammdaten Alle erfassten Daten zu Kindern, Einrichtungen, Trägern oder Fördermaßnahmen können laufend angepasst und geändert werden. Die Bestandsverwaltung ermöglicht Änderungen der erfassten Daten zu Kindern oder Verträgen (z. B. Krankheiten, Abwesenheiten, Vertragsänderungen, Kontaktdaten, …)

Abrechnung Hier werden die in Anspruch genommen Leistungen erfasst. Das Modul beschränkt sich auf die Beitragsberechnungsgänge (keine Rechnungslegung).

5.5   Zusammenfassung

Seit dem Start im Dezember 2009 war das Kindergartenportal im Praxiseinsatz, alle Kindergärten der Stadt Friedrichshafen – unabhängig vom Träger – waren an das System angeschlossen. Die Software wurde kontinuierlich weiterentwickelt, sodass weitere Funktionen integriert wurden: Die Version 2.0 hatte den Eltern benutzerfreundlich aufbereitete Informationen zu Lage, Betreuungszeiten, pädagogischen Konzepten sowie speziellen Maßnahmen der Einrichtungen aufgezeigt. Wesentliche Auswahlkriterien für Eltern, wie die Entfernung der Einrichtung vom Wohnort oder die Anzahl der Schließtage pro Jahr ließen sich einfacher finden. Alle Angaben und Kontaktdaten waren übersichtlich gestaltet und stets auf dem aktuellen Stand, den die Kindergärten einpflegten.

Da der Dienstleister die Plattform PSP für KindergartenOnline eingestellt hat, wurde das Portal im März 2014 durch eine neue Lösung ersetzt, in die alle Erfahrungen aus dem Projekt einflossen und somit Eltern, und Verwaltung noch mehr Nutzerfreundlichkeit bietet.

6   Fortführung von T-City

Unter dem Namen Telekom-City Friedrichshafen arbeiten Deutsche Telekom und Stadt Friedrichshafen bis 2015 weiter daran, in den Bereichen Energie, Gesundheit und Verkehr neue Lösungen zu entwickeln und gemeinsam die Region zu stärken. Dazu werden einzelne Projekte aus T-City weitergeführt bzw. neue Projekte begonnen. Diese sollen in Friedrichshafen, der Bodenseeregion sowie ggf. darüber hinaus umgesetzt werden. Von den Lösungen sollen weiterhin Bürger, Unternehmen sowie die ganze Region profitieren.

Die Vorteile für die Beteiligten sind vielfältig, so profitieren

- die Bürger von verbesserten Infrastrukturen, neuartigen Gesundheitsangeboten, einer zukunftsgerichteten Energieversorgung sowie einer effizienteren Stadtverwaltung,
- die Unternehmen in der Region von einem guten Klima für Neuerungen, verbesserten Standortfaktoren sowie Kooperationsmöglichkeiten mit Forschungseinrichtungen,
- die Stadt Friedrichshafen von optimierten Verwaltungslösungen und der Werbung für sich als attraktiven und innovativen Tourismus- und Wirtschaftsstandort am Bodensee.

Dabei werden die Parteien von verschiedenen Projektpartnern unterstützt, nicht nur mit ihrem Knowhow, sondern auch indem sie die Kosten der Einzelprojekte und einen Teil der übergeordneten Projektkosten tragen, die bei der städtischen Projektgesellschaft FN-Dienste GmbH entstehen.

6.1   Neue Projektstruktur

Den Schwerpunkt legen die Projektpartner auf die Themenbereiche Energie, Gesundheit und Mobilität.

Das Aktionsfeld Energie verfolgt das Ziel, die Energiewende zu unterstützen. In verschiedenen Projekten wird das Zusammenspiel von dezentraler Erzeugung und Speicherung von Energie und deren effizienterem Einsatz getestet. So wird das T-City-Projekt Smart Metering konsequent weitergeführt und durch die intelligente Anbindung von dezentralen Erzeugungsanlagen ausgeweitet. Konsumenten und Versorger erhalten Transparenz zu Energieverbrauch und Einspeisungen. Das hilft Kosten zu sparen.

Thema des Aktionsfeldes Gesundheit ist unter anderem die Verbesserung von Versorgung und Betreuung, um die Folgen des demographischen Wandels zu mildern. Hinzu kommt der fachübergreifende Erfahrungsaustausch von Medizinern. Ein schon etabliertes Beispiel ist die Tumorkonferenz, eine Art virtuelles Meeting, das den Austausch von Fachärzten über die Bodenseeregion hinaus ermöglicht.

Im Aktionsfeld Verkehr ist vor allem die Einbindung von E-Mobilität in den öffentlichen Personennahverkehr wichtige Zielsetzung. Außerdem sollen die Nutzung der öffentlichen Verkehrsmittel durch intelligente Buchungs- und Verrechnungssysteme komfortabler gestaltet und Mobilitätsbedürfnisse der Bürger besser bedient werden.

Die Partner haben vereinbart, dass auch außerhalb der drei Aktionsfelder Einzelprojekte unterstützt werden. Dazu gehören Projekte für eine moderne serviceorientierte Verwaltung von Stadt und Bodenseekreis. Optimierte Prozesse, mehr Transparenz und qualifizierter Service für die Bürger waren schon in der T-City-Zeit wesentliche Ziele, wie die Produkte „KindergartenOnline" und das mittlerweile preisgekrönte Anliegenportal www.sags-doch.de zeigen.

6.2 Ausblick auf die weitere Projektarbeit

An dieser Stelle soll besonders auf ein Projekt aus dem Bereich Mobilität eingegangen werden.

In Friedrichshafen und dem Landkreis Bodenseekreis ist im November 2012 eine neue Form der Mobilität gestartet. Die Idee dazu wurde in T-City Friedrichshafen geboren und wird nun bis mindestens 2015 als Fördervorhaben umgesetzt. Das Projekt „emma" wird im Rahmen der Modellregionen Elektromobilität mit insgesamt 3,6 Mio. € durch das Bundesministerium für Verkehr und digitale Infrastruktur (BMVI) gefördert. Die Modellregionen Elektromobilität werden von der NOW Nationale Organisation Wasserstoff- und Brennstoffzellentechnologie koordiniert.

Deutschland soll sich nach dem Wunsch der Bundesregierung zu einem Leitmarkt der Elektromobilität entwickeln und einen dauerhaften technologischen Vorsprung auf dem Gebiet der Elektromobilität ausbilden. Ziel ist es, Projekte zu fördern, die genau an den Schnittstellen von anwendungsorientierter Forschung und Entwicklung, Marktvorbereitung und Markteinführung von batterieelektrisch betriebenen Fahrzeugen in Deutschland ansetzen. Zugleich sieht die Förderrichtlinie Elektromobilität des Bundesverkehrsministeriums von 2011 eine Evaluierung der Alltagstauglichkeit von Elektrofahrzeugen im Carsharingbetrieb vor und setzt damit den Schwerpunkt auf die Sicherstellung und Interoperabilität der Elektromobilität auf Verkehrssystemebene und im Besonderen auf die Vernetzung mit dem öffentlichen Personennahverkehr (ÖPNV). Dazu kann dieses Projekt einen wesentlichen Beitrag leisten.

Austragungsort

Mit Friedrichshafen und dem umgebenden Bodenseekreis handelt es sich um einen Verkehrsraum, der sowohl verdichtete als auch ländlich strukturierte Räume umfasst und dennoch klar nach außen abgegrenzt werden kann. Zudem lassen sich hier unterschiedliche Zielgruppen – Wohnbevölkerung, Pendler, Messebesucher und Touristen – gleichermaßen erreichen und in ihrem Umgang mit fortschrittlichen Mobilitätskonzepten untersuchen. Die Region hat damit Modellcharakter für alle deutschland- und europaweiten Entwicklungen bei den Themen Elektromobilität und intelligente Energienetze der Zukunft.

Projektidee

Kerngedanke des Verkehrsprojekts ist die dreifache Vernetzung von Elektroautos: In das öffentliche Verkehrssystem, in das Energienetz und untereinander mittels moderner Informations- und Kommunikationstechnik (IKT). Das heißt: der öffentliche Personennahverkehr wird um Elektrofahrzeuge erweitert.

Durch die Verknüpfung mit dem Energienetz werden die Voraussetzungen geschaffen, damit die eMobile jederzeit mit ausschließlich regenerativ erzeugtem Strom aufgeladen werden. Weiterhin wird die Einbindung in ein intelligentes Energienetz (Smart Grid) erfolgen. Fokus ist dabei die großflächige Erprobung von gesteuerten Ladevorgängen in Abhängigkeit sowohl der Netz- als auch der Fahrzeuganforderungen. Schließlich sorgt eine Vernetzung aller Systemteilnehmer und -komponenten für die reibungslose Kommunikation untereinander.

Projektziele

Ziel ist es, den öffentlichen Personennahverkehr um Elektrofahrzeuge zu erweitern. Das heißt: auf Strecken, wo sonst kein oder nur sehr selten ein Bus fährt, soll künftig ein Elektroauto eingesetzt werden. In Meckenbeuren wird dies z. B. in Form eines Bürgerbusses umgesetzt. Wie die Nutzer auf diese neuen Mobilitätsmöglichkeiten reagieren und ob sie angenommen werden, wird im Rahmen der wissenschaftlichen Begleitforschung untersucht. Aus sozialwissenschaftlicher Sicht gilt es, an dieser Stelle neben der Akzeptanzforschung auch die Nutzerfreundlichkeit und Gebrauchstauglichkeit des umfassenden Mobilitätsangebotes gemeinsam mit den Kunden zu überprüfen und weiterzuentwickeln.

Es soll ein ganzheitliches und nachhaltiges Mobilitätskonzept für den gesamten Landkreis entwickelt und umgesetzt werden, bei dem die intelligente Nutzung von Elektromobilität im Mittelpunkt steht. Das weitere Forschungs- und Entwicklungsinteresse des Projekts richtet sich einerseits auf die Konzeption und die möglichst operative Umsetzung eines gemeinsamen Preis- bzw. Tarifsystems für alle beteiligten Verkehrsträger wie Unternehmen und andererseits auf die Durchgängigkeit der intermodalen Wegekette mit den Werkzeugen aktuellster Standards von IKT – von der Auskunft über die spontane Buchung bis hin zur automatisierten Abrechnung.

Auch die Beteiligung lokaler bzw. regionaler Unternehmen gehört in einem erweiterten Rahmen zu den Projektzielen. Durch eine solche Beteiligung lassen sich zusätzliche Effizienzgewinne erzielen, da die „kritische Masse" zur Umsetzung eines funktionsfähigen nachhaltigen Mobilitätskonzepts und deren Voraussetzungen an die Infrastrukturbereitstellung schneller erzielt werden kann. Mögliche Konzepte betreffen die Nutzung gewerblicher Fuhrparks auch von privaten Nutzern bzw. umgekehrt. Eine solche Verknüpfung und praxisnahe Erprobung wäre bislang einzigartig und hätte deutschlandweite Signalwirkung.

Umsetzung

Unter dem Namen „emma" (**e**lektro**m**obil **m**it **a**nschluss) steht in der Region eine weitere innovative Mobilitätsmöglichkeit zur Verfügung. Für die Durchführung des Projekts werden bis zu 30 Elektroautos bereitgestellt und bis zu 40 Ladesäulen aufgebaut. Die gewählten Standorte für die Ladeinfrastruktur und die Fahrzeuge wurden aus dem bestehenden Nahverkehrsplan heraus entwickelt. Die Schiene und die wichtigen Busverbindungen bilden das Rückgrat dieses Konzepts.

Verschiedene Szenarien zur Integration der Elektrofahrzeuge in den ÖPNV-Fahrplan wurden skizziert und befinden sich bereits in Umsetzung. Ein Vorhaben ist der Einsatz eines e-Bürgerautos als Richtungsbandbetrieb im regulären Fahrplan-Betrieb. Hierzu wurden ein Verein gegründet und ehrenamtliche Fahrer rekrutiert.

Im Rahmen des Projekts wurde ein eigene Mobilitätsplattform (emma-pub.hafas.de) entwickelt, die im Web und als Android-App verfügbar ist. Die Tür-zu-Tür-Auskunft verknüpft bei der Routenplanung öffentliche Verkehrsmittel mit dem privaten Transport im eigenen oder einem emma-Elektrofahrzeug.

Projektpartner

	Landkreis Bodenseekreis	Der Landkreis Bodensee mit seinen umliegenden Kommunen sowie dem Verkehrsverbund bodo, ist ein Bindeglied zwischen ländlichem Raum und Ballungszentren und verfügt zudem über zahlreiche touristische Anziehungspunkte. Dieses besondere Umfeld steht im Fokus des Vorhabens
	DB Fuhrpark-Service GmbH	Die DB FuhrparkService GmbH betreibt das Mobilitätsmanagement für die Straßenfahrzeuge des DB-Konzerns und berät diesen in allen Fuhrpark-Angelegenheiten. Die DB ist in mehreren Elektromobilitätsprojekten aktiv und hat in verschiedenen Regionen zu unterschiedlichen Nutzungs-und Einsatzszenarien Erfahrungen gesammelt
	Duale Hochschule Baden-Württemberg Ravensburg, Campus Friedrichshafen	Mit dem studentischen Projekt EDI (Electric Drive and Infrastructure) und dem Studiengang „Energie- und Umwelttechnik" hat sich die Duale Hochschule Baden-Württemberg in diesem Forschungsbereich positioniert und will explizit die Forschung im Themenfeld dieses Megatrends verstärken
	Stadt Friedrichshafen	Dynamik und Innovation prägen die Stadt seit dem Grafen Zeppelin. Insbesondere mit T-City Friedrichshafen hat die Stadt wichtige Infrastrukturvoraussetzungen geschaffen. Dazu gehören neben im Projektmanagement erfahrenen Mitarbeitern, insbesondere in der für das T-City Projekt zuständigen Projektgesellschaft FN-Dienste GmbH, die das Projekt insgesamt leitet, auch die hohe Verfügbarkeit einer mobilen Breitbandinfrastruktur
	HaCon Ingenieur-gesell-schaft mbH	Mit der Kernthemen Verkehr, Transport und Logistik zeichnet sich HaCon durch ihre Spezialisten aus den Bereichen Informatik und Verkehrsplanung aus. HaCon entwickelt Software für Verkehr sowie Logistik und berät in den Bereichen IT und Projekte für Transport und Verkehr

	InnoZ GmbH	Das Innovationszentrum für Mobilität und gesellschaftlichen Wandel GmbH ist ein Tochterunternehmen der DB Mobility Logistics AG. Zweck dieser Forschungs- und Beratungsfirma ist es, die zukünftigen Auswirkungen des demographischen und wirtschaftsstrukturellen Wandels auf die Bereitstellung sowie den Betrieb von Infrastrukturangeboten zu untersuchen und hieraus den entsprechenden Innovationsbedarf abzuleiten
	Stadtwerk am See GmbH & Co. KG	Das Stadtwerk am See ist der regionale Energieversorger am Bodensee, der bereits weitreichende Erfahrungen bei der Realisierung intelligenter Stromzähler („Smart Metering") gesammelt hat. Diese sind die Basis eines intelligenten Stromnetzes („Smart Grid")
	T-Systems International GmbH	T-Systems ist Dienstleister für Informations- und Kommunikationstechnologie. Die Konzerngeschäftsfelder Energie und Connected Car sind wesentliche Träger des Vorhabens in der Deutschen Telekom
	Quality & Usability Lab, Technische Universität Berlin	Die Forschungseinrichtung aus dem IKT-Bereich der TU Berlin verfügt über die notwendigen wissenschaftlichen Kenntnisse und Arbeitstechniken zur Beantwortung der relevanten Forschungsfragen

Ein solches Verkehrssystem muss vor Ort entstehen. Daher sind die Treiber des Projekts hier nicht vornehmlich die Unternehmen, sondern die Gebietskörperschaften Bodenseekreis und Stadt Friedrichshafen. Das Gesamtprojekt wird von der Stadt Friedrichshafen (mit der Projektgesellschaft FN-Dienste GmbH) geleitet.

7 Fazit

Man sieht an diesen wenigen Beispielen, dass eine Stadt mit Informations- und Telekommunikationstechnologie die Themen der Zukunft besser lösen kann. Wenn auch nicht jedes der Projekte zur Reife gelangt ist. Friedrichshafen hat die Chance wahrgenommen, etwas auszuprobieren, Produkte der Zukunft mitzugestalten und auch zu nutzen. Aber nicht nur die Stadt selbst nutzt diese Lösungen, sondern auch die Bürger und Unternehmen, die schneller zu einem neuen Termin bei der Stadt kommen, die saubere Autos fahren oder eben auch einen passenden Kindergartenplatz erhalten. T-City kennt fast jeder in der Stadt. Das ist ein Ergebnis, das sich sehen lassen kann, da vieles noch im Forschungsstadium steckte.

Und darum bleibt es weiter spannend, denn die nächste Ausweitung des Verkehrs- und Energieprojekts steht bereits in den Startlöchern. Nachdem eine Ausdehnung in den Bodenseekreis bereits gelungen ist, wird inzwischen rund um den Bodensee geplant.

Gastkommentar

Franz-Reinhard Habbel

Zu den zentralen Herausforderungen der Gesellschaft gehört auch das Thema Mobilität. Mobilität ist in einer globalisierten Gesellschaft zu einem Mega-Trend geworden. Zu Recht fordert der neue Infrastrukturminister Alexander Dobrindt, die schnelle Umsetzung der digitalen Agenda und schaut hier besonders auf den Verkehrsbereich. Mobilität umfasst sowohl unsere Arbeitswelt als auch unsere Lebensstile. Arbeitsformen, Arbeitsorte und Arbeitszeiten verändern sich insbesondere durch Einzug des Internets. Nutzen statt Besitzen ist ein neuer Lebensstil und fördert Sharing-Plattformen wie Carsharing oder Mitfahrzentralen.

Wir sind mitten auf dem Weg von der Informationsgesellschaft zur Sharing-Gesellschaft, die Wert auf offene Kommunikation und Ressourcenteilung legt sowie allseits und jederzeit verfügbare Online-Ressourcen als Kernbestandteil hat. Eine solche Entwicklung hat auch Auswirken auf den Verkehr und damit die Mobilität. Gerade für junge Menschen hat das Auto keine Statusfunktion mehr, sondern ist ein Fortbewegungsmittel weitgehend ohne Emotionen. Noch nie machten so viele junge Menschen einen Führerschein wie heute. Noch nie kauften sich aber so wenig junge Leute wie heute ein Auto – sie leihen es sich, wenn sie es brauchen.

F.-R. Habbel (✉)
Deutscher Städte-, und Gemeindebund, Berlin, Deutschland
E-Mail: franz-reinhard.habbel@dstgb.de

© Springer Fachmedien Wiesbaden 2015
M. Sandrock (Hrsg.), *Intelligente Verkehrssysteme und Telematikanwendungen in Kommunen*,
DOI 10.1007/978-3-658-05856-2_4

1 Die Digitalisierung führt zu einer immer stärkeren Vernetzung der Verkehrssysteme

Aus einzelnen Verkehrsträgern wie Auto oder Bahn, Flugzeug oder Fahrrad wird ein intermodularer Verkehrsansatz. „Wie kommen wir schnell, preiswert und ressourcenschonend von A nach B?", lautet die entscheidende Frage. Plattformen im Netz und automatische Buchungssysteme geben die Antworten. Ein besonderes Merkmal ist hier die Kommunikation in Echtzeit. Daraus entwickeln sich dynamische Verkehrsinformationssysteme. Buchungen und Steuerungen von Verkehren laufen weitgehend digital. Dort wo das noch nicht der Fall ist, wird sich dies in den nächsten Jahren ändern. Eine vollständige Digitalisierung der Mobilität steht an.

Das große Thema der Zukunft heißt „Car-to-X"-Kommunikation. Damit ist die Kommunikation des Autos mit der Umgebung gemeint. Das fängt an mit Gegenständen, die durch autoeigene Kameras beispielsweise als Hindernisse entdeckt werden, geht über Ampelschaltungen bis hin zu Informationen der in der Nähe befindlichen Autos. Autos werden mit Autos kommunizieren und sich gegenseitig über Gefahren oder sonstige Ereignisse automatisch informieren. Die Vernetzung von Dingen der Infrastruktur, von Menschen und deren Verhaltensweisen miteinander wird Transport und Logistik weitgehend verändern. Die städtische Infrastruktur wird Teil einer solchen umfassenden Digitalstruktur.

Auch der Verkehrsraum in den Städten wird neu aufgeteilt – z. B. durch Shared-Space Konzepte. In Niedersachsen gehen bereits erste Städte einen solchen Weg. Das Neue bahnt sich überall den Weg – mal schnell, mal langsam.

Der Wettbewerb „Telematik in Kommunen" der TelematicsPRO Initiative in Zusammenarbeit mit dem Deutschen Städtetag, dem Deutschen Landkreistag und dem Deutschen Städte- und Gemeindebund sowie des DStGB-Innovators Club gibt dem Neuen einen Chance. Der Wettbewerb zeigt, dass auch Städte, Kreise und Gemeinden innovativ sein können und im Bereich Verkehr und Mobilität etwas Neues wagen.

Die Telematik ist eine wichtige Brücke, mit digitalen Informationen Dinge intelligent zu machen. Mit der Telematik sind große Chancen verbunden, die kommunalen Infrastrukturen zu modernisieren, Ressourcen zu sparen und zur Nachhaltigkeit beizutragen.

Der weiter wachsende Bedeutungsgewinn der Städte wird besonders bei der Infrastruktur sichtbar. Sogenannte Smart Cities werden in den nächsten Jahren ganz vorn in der Liga prosperierender Kommunen und Regionen spielen. Lebensqualität, Nachhaltigkeit und Effizienz hängen davon ab, wie es uns gelingt, mit moderner Informations- und Kommunikationstechnik unsere Städte zu steuern. Die Bürgermeister haben heute einen großen Einfluss auf die Gestaltung ihrer Städte. Der amerikanische Soziologe Benjamin Barber widmet den Städten mehr Bedeutung als den Nationen. Er sagt, dass die zentralen Probleme wie Klimawandel, Bedrohungen durch Terrorismus und damit die Frage der Sicherheit aufgrund globaler Entwicklungen nicht mehr vorrangig von den Nationen gelöst werden können. Die Städte und Regionen können dies besser. Führende Smart City Städte in Europa wie Barcelona, Nizza, Hamburg und Amsterdam sind interessanterweise alles Hafenstädte. Das dürfte kein Zufall sein. Es hat was mit Verkehr, Handelsströmen und Weltoffenheit zu tun. Neue Mobilitätskonzepte sind der Einstieg in Smart City. In Barcelona gibt es ein Projekt zur Parkplatzsuche über eine App. Parkplätze sind dort mit Sensoren ausgestattet. An Bushaltestellen gibt es smarte Displays zur Navigation von Verkehrsangeboten und Verkehrswegen. Die Stadt hat ein weites Netzwerk aus Sensoren gebildet. Das Internet der Dinge entwickelt sich dort mit rasenden Schritten. Das Potenzial dieser Vernetzung entfaltet sich aber nicht durch Vernetzung der physischen Dinge, sondern in erster Linie durch die Vernetzung der Menschen mit den Dingen. Dort wo die Technik hilft, Probleme der Menschen zu lösen, zu mehr Wettbewerbsfähigkeit beiträgt, werden Smart City-Konzepte erfolgreich sein.

Laut einer Studie der UN wird bis zum Jahr 2050 weltweit der Anteil der städtischen Bevölkerung auf 70 % anwachsen.

Schon heute ist der Suchverkehr nach freien Parkplätzen in den Städten enorm und macht bis 30 % der Fahrleistungen und ein bis zwei Prozent des Spritverbrauches aus. Für Überlandfahrten könnte auf Car-Sharing Systeme zurückgegriffen werden, die insbesondere an Stadträndern oder an Verkehrsknotenpunkten ihre Services zur Verfügung stellen.

In der Tat hat in den letzten Jahren der Straßenverkehr enorm zugenommen. 51 Mio. Fahrzeuge fuhren im Jahr 2012 auf Deutschlands Straßen, vor 20 Jahren war es die Hälfte. Die Kommunen sind heute Träger von rund 460.000 km Straßen. Der Bund besitzt rund 17.000 km Autobahnen.

2 Auch die Verkehrsmittel in den Städten haben sich verändert

Der Fußgängeranteil liegt jetzt bei 21 Prozent (1972 waren dies noch 41 Prozent) das Fahrrad liegt bei 10 Prozent. Das Motorrad bei 1 Prozent. Die PKW bei 40 Prozent (dieser Anteil lag 1972 bei 20 Prozent) und der ÖPNV bei 17 Prozent.

Der Erhalt und der Ausbau der Straßeninfrastruktur ist für Deutschlands Wettbewerbsfähigkeit von besonderer Bedeutung. Die Kommunen haben – um den in den vergangenen 15 Jahren aufgelaufenen Nachholbedarf zu bedienen – einen jährlichen Bedarf von 1,2 Mrd. €. Der jährliche Finanzbedarf für die Erhaltung und Betrieb liegt bei 4,95 Mrd. €. Tatsächlich eingesetzt werden aber insgesamt nur 4 Mrd., so dass eine Deckungslücke von knapp 1 Mrd. € besteht. Das heißt, die Kommunen brauchen jährlich 2,1 Mrd. € mehr, um die Straßen in Ordnung zu bringen und zu erhalten.

Ein leistungsfähiges Verkehrssystem ist für eine moderne arbeitsteilige Industrie- und Dienstleistungsgesellschaft und für einen erfolgreichen Wirtschaftsstandort eine unerlässliche Voraussetzung. Auch vor dem Hintergrund der Energiewende aber auch aufgrund der Notwendigkeit des Klimaschutzes beginnen immer mehr Städte, sich systematisch mit dem Thema Mobilität zu beschäftigen. Angetrieben wird diese Entwicklung von einer umfassenden Vernetzung des Autos. Heute sind wir dabei, das Internet in das Auto zu bringen – morgen bringen wir das Auto ins Internet. Junge Leute entscheiden bei der Nutzung – wir sprechen nicht mehr vom Kauf – des Autos nach dessen Kommunikationsfähigkeit in Verbindung mit dem Internet. Facebook, Wettervorhersagen, Google-Services und E-Mail sind heute schon möglich. Demnächst werden Autoradio, CD-Spieler und Navigationsgerät überflüssig, da die Funktionen im Stream u. a. über flächendeckendes LTE aus dem Internet zur Verfügung stehen.

Besonders bedeutsam wird die intermodulare Routenführung. Was heißt das? Das Fahrzeug nimmt Kontakt mit dem öffentlichen Nahverkehr auf und prüft ständig die optimale Mobilität, wie das Ziel am schnellsten erreicht wird. Ist es dann der ÖPNV, kann das Bahnticket aus dem Auto online gebucht werden und wird via Internet in das Auto auf den Mikrochip im Schlüssel gespeichert. Der Autoschlüssel kann dann beim Kontrollterminal der S-Bahn berührungslos auslesen werden. Weitere Dienste wie die Buchung und Zahlung von Parkplätzen, Hotelzimmern usw. sind denkbar. Zusätzlich wird es weitere Service-Apps geben.

3   Selbstfahrende Autos

Wenn wir nach vorn schauen: Die Entwicklung wird durch selbständige Fahrzeugnavigation (Google erprobt gerade in Kalifornien selbst fahrende Autos) dazu führen, dass zum Beispiel Ampeln weitgehend überflüssig werden.

Und es geht noch einen Schritt weiter. Wenn das alles möglich ist, macht es Sinn, die Autos insbesondere für den Verkehr in den Städten komplett zu verändern und das System eines öffentlichen Taxis einzuführen. Im Smartphone werden zu Hause Zielort und Zielzeit eingegeben und ein fahrerloses Gefährt holt den Reisenden vor der Haustür ab. Das wäre hoch effizient, stehten doch bis zu 90 % der Fahrzeuge die meiste Zeit nur herum. Ein Vergleich mit der Flugzeugbranche bietet sich an. Die Maschinen müssen möglich immer in der Luft sein – nur dann bringen sie Rendite. Aus der Vernetzung fahrerloser Autos werden ganz neue Geschäftsmodelle entstehen.

4   Die Mobilitätscloud

Notwendig für das alles ist eine Mobilitätscloud. Damit treten Rechtsfragen und insbesondere Fragen des Datenschutzes und der Datensicherheit auf, die heute noch ungelöst sind. Dazu gehören insbesondere die Fragen, wann Daten unwiederbringlich gelöscht werden, wer wann darauf einen Anspruch hat, wie die Kontrolle organisiert wird usw. Spezielle Dienstleister werden auf Datenbestände in der Mobilitätscloud zurückgreifen und dem Mobilitätsnachfrager spezielle Services individuell zur Verfügung stellen. Alles ist mit allem vernetzt. Die Zukunft liegt in intermodularen Verkehrssystemen. Auch soziale Netzwerke spielen künftig eine wichtige Rolle. So setzt zum Beispiel der Verkehrsverband Köln auf soziale Netzwerke wie Facebook. Der Verkehrsbetrieb ist bei Facebook unterwegs und checkt, wenn sich Menschen in Köln an bestimmten Orten z. B. im Müngersdorfer Stadion zu Veranstaltungen verabreden. Ist das der Fall, werden mehr Busse und Bahnen eingesetzt, um dem Ansturm der Besucher Herr zu werden. Mit einer solchen Vorgehensweise verfolgen sie eine präventive Politik.

Eine der großen Herausforderungen wird künftig darin bestehen, wie Mobilität gemanagt werden kann. Dazu werden sich bestimmte Dienstleister neu aufstellen. Auch für die Stadtwerke ergeben sich hier neue Aufgaben – wie z. B. die Rolle eines Mobilitätsproviders.